★★★ 시냅스가 '공부 잘되는 머리'에 미치는 영향 ★★★

★ 대부분의 사람들이 '머리가 좋다.'와 '공부를 잘한다.'를 동일시한다. 또한 머리는 타고나며 절대 변하지 않는다고 생각한다. 그러나 아이큐대로 학업 성적이 나올 확률은 25~36퍼센트에 지나지 않다. 또한 성적 상위 1퍼센트의 아이들과 그렇지 않은 아이들의 아이큐를 비교해 봐도 평균 90~110으로 비슷한 것을 알 수 있다.

★ 오랜 세월 아이들을 가르치고 두뇌 계발에 대해 연구해 오면서 아이큐와 성적은 무관하며 두뇌 능력은 훈련을 통해 개선될 수 있다는 것을 발견했다. 타고난 아이큐와 상관없이 '공부 잘되는 머리'를 만들 수 있는 것이다.

★ 보고 듣고 느끼고 학습하는 모든 활동들이 시냅스와 관련된다. 이를 증명하듯 천재와 바보, 똑똑한 사람과 보통 사람, 우등생과 열등생의 시냅스를 비교해 보면 그 모양과 능력이 다르다.

★ 어른과 초등학생의 뇌세포 수는 별 차이가 없지만 시냅스 수에서 차이가 난다. 하나의 뇌세포에 시냅스가 많이 붙어 있을수록 좋다.

★ 시냅스는 뇌세포에 연결되어 정보를 전달하는 역할을 한다. 이 시냅스를 통해 우리가 공부한 내용들이 왔다갔다 한다. 따라서 시냅스의 발달 정도에 따라 정보의 이동 속도와 양이 달라진다. 시냅스가 얼마나 튼튼하고 강하게 형성되어 있느냐가 정보의 처리, 저장 능력 등을 좌우하는 것이다.

★ 두뇌에 새로운 정보가 들어오면 뇌세포 사이에 시냅스가 연결된다. 이때 강하게 집중했느냐 약하게 집중했느냐에 따라 시냅스의 연결 상태가 달라진다. 만약 강한 집중과 반복적인 학습이 지속된다면 시냅스가 소시지처럼 두꺼워진다. 소시지 모양의 시냅스는 보통의 시냅스보다 월등한 능력을 가지게 된다.

★ 시냅스가 두꺼울수록 뇌세포의 연결이 보다 긴밀해져 기억이 오래 가며 잘 떠오른다. 이것은 도로가 넓고 클수록 많은 차가 이동할 수 있는 것과 같은 이치다.

★ 자신감이 넘쳐날 때 두뇌 회로인 시냅스가 더욱 단단해져 활력이 생긴다. 이와 반대로 실망하거나 고민하는 것은 시냅스에 상처를 주고 생명을 빼앗는 일이다. 실패에 대한 좌절감을 빨리 극복해 내고 도전해야 시냅스를 살릴 수 있다.

공부는 머리싸움이다

신 성 일

두뇌 학습 전문가로 두뇌 계발 센터, 영재 학원, 자기주도학습 학원 등에서 두뇌 학습법과 공부법을 지도하고 있다. 스터디 노트의 개발자이기도 한 저자는 수많은 저서를 집필하고, 조선일보 〈맛있는 공부〉, 사고력 교육 센터 등에서 강연을 하며 학생들의 공부 머리와 공부 습관을 바꾸어 놓았다.
상위 1% 학생들의 성적 분석 자료를 바탕으로 자기주도학습과 두뇌 계발을 접목한 노트 정리법을 소개한 『상위 1%로 가는 중학생 공부법』은 출간과 동시에 장기 베스트셀러가 되었다. 이밖에도 『내신 1%로 가는 교과서 공부법』, 『공부 의식을 높여 주는 웰빙 학습법』 등을 집필했다.
현재 윤선생 영어 교실 송파·석촌 교육 본부 수석 홍보팀장으로 근무하고 있다.

공부는 머리싸움이다
공부 잘되는 머리로 만들어 주는 25일 간의 시냅스 강화수업

초판 1쇄 인쇄 2010년 6월 5일
초판 1쇄 발행 2010년 6월 20일

지은이 신성일

펴낸이 김종길
편집부 이혜선·임현주·이은지·이경숙
디자인부 박시남·한지혜·김영미·박초롱·윤진숙
마케팅부 김재룡·박용철·이민우
인터넷 사업부 현지선
홍보부 한지선
관리부 이현아·최현석
펴낸 곳 글담출판사
출판등록 제7-186호
주소 (132-898) 서울시 도봉구 창 4동 9번지 한국빌딩 7층
전화 (02)998-7030 **팩스** (02)998-7924
홈페이지 www.geuldam.com   **이메일** bookmaster@geuldam.com

값 11,000원

ISBN 978-89-92814-30-0-13370
잘못된 책은 바꾸어 드립니다.

「이 도서의 국립중앙도서관 출판시도서목록(CIP)은 e-CIP홈페이지(http://www.nl.go.kr/eclip)에서 이용하실 수 있습니다. (CIP제어번호: CIP2010001966)」

공부 잘되는 머리로 만들어 주는 25일 간의 시냅스 강화수업

공부는 머리 싸움이다

신성일 지음

글담출판사

추·천·사

머리로 하는 공부! '공부 머리를 만드는 비법'을 실천적·과학적으로 설명한 책!

아이들을 20여 년 동안 가르치면서 "아, 저 아이는 정말 머리 하나는 타고났구나." 하고 감탄할 때가 있다. 그런 아이들은 하나같이 교사가 가르치는 내용을 쏙쏙 흡수하여 자신의 것으로 만들어 버린다. 그러면 필시 "저 아이는 머리가 좋을 거야." 하고 생각하지만 막상 지능 검사 결과를 보면 보통의 아이들과 하등 다를 것이 없다. 오히려 지능이 높은 아이들의 성적이 나쁜 경우도 허다하다.

사람들은 보통 머리가 좋으면 공부를 잘할 거라고 생각한다. 하지만 아이들을 가르쳐 보면 그렇지 않다는 것을, 공부 머리가 따로 있다는 것을 알 수 있다.

그렇다면 '공부 머리는 후천적으로 만들 수 있는 걸까?' 또 '어떻게 다를까?' 고민이 된다. 이 책은 이런 의문들을 속 시원히 해결해 준다. 오랜 시간 두뇌 학습을 연구해 온 저자가 공부 머리의 특징과 비결을 과학적인 근거와 함께 알려 주는 것이다. 두뇌의 특징을 활용하여 두뇌 능력을 극대화시키는 다양한 방법들은 다소 낯설고 생소하게 느껴진다. 하지만 25일 동안의 수업을 따라 가면서 하나씩 실천해 보는 사이 조금씩 변화하는 아이의 모습을 느낄 수 있을 것이다. 저자의 풍부한 경험과 노력으로 이루어진 이 책이 '공부 잘되는 머리'에 목말라 있는 많은 학부모들과 아이들에게 좋은 지침서가 될 것으로 기대한다.

초등학교 교사 이석구(국어교육 전문)

**부모와 아이가 함께 읽고 실천하는,
쉽고 간단한 두뇌 계발법!**

    요즘 많은 부모님들이 아이들 두뇌 계발에 많은 관심을 쏟고 있다. 그런데 이런 책들은 하나같이 어렵고 딱딱해 선뜻 읽기 힘들다. 하지만 이 책은 두뇌의 특징을 성적과 연관지어 과학적이며 구체적으로 설명해 주고 있다. 또한 두뇌 학습 전문가이자 공부법 전도사로 유명한 저자가 자신의 노하우와 지식을 바탕으로 공부 잘되는 머리로 만드는 법을 소개해 주고 있다.

    특이한 점은 꼴등인 주인공이 특이한 과외 선생님을 만나 25일 동안의 수업을 통해 조금씩 공부 머리로 바뀌어 가는 과정을 통해 두뇌 계발법을 소개하고 있다는 것이다. 그 방법들이 사실적이며 실천적이어서 아이와 함께 책을 읽으면서 바로 따라 해봐도 좋을 것 같다. 잠깐 효과를 발하는 공부 요령이 아니라, 근본적으로 술술 외우고 척척 떠올릴 수 있는 머리로 만들어 줄 것이라 확신한다.

    이 책을 통해 이제 더 이상 자신의 머리를 한탄하며 공부를 포기하는 아이들이 없기를 희망한다.

초등학교 교사 인경원(사회교육 전문)

머·리·말

부모들이 쉽게 착각하는 '공부 머리'의 진실

"선생님, 제 아이는 머리가 나쁜 것 같지 않은데, 성적이 오르질 않아요."

"전 머리가 나쁜가 봐요. 외워도 금방 까먹고."

"1등은 뭐 아무나 하나요? 그 애들은 머리가 좋잖아요. 저는 무리예요."

부모와 아이들과 이야기를 나누다 보면 '머리'가 자주 화제에 오른다. 대부분의 사람들이 '머리가 좋다.'와 '공부를 잘한다.'를 동일시 여긴다. 또한 머리는 타고나는 것이며 절대 변하지 않는다고 생각한다. 여기서 머리란 아이큐(IQ)를 의미한다.

하지만 오랜 세월 아이를 가르치고 두뇌 계발에 대해 연구해 온 바에 의하면 지능과 성적은 그렇게 큰 연관성이 없다. 통계만 봐도 아이큐대로 학업 성적이 나올 확률은 25~36퍼센트에 지나지 않는다. 또한 성적 상위 1퍼센트의 아이들과 그렇지 않은 아이들의 아이큐를 비교해 봐도 평균 90~110으로 비슷하다.

모든 아이의 지능은 성적에 상관없이 비슷한 것이다. 공부는 얼마나 정보를 받아들이고 처리하며 기억하느냐가 중요하다. 이 능력을 관장하는 것은 두뇌며, 이는 IQ와 엄연히 다르다. 그리고 이때의 두뇌 역할은 훈련을 통해 충분히 개선될 수 있다. 즉 타고난 IQ와 상관없이 좋은 성과를 내는 '공부 잘되는 머리'를 만들 수 있는 것이다.

언젠가 초등 5학년인 남자 아이를 가르친 적이 있다. 처음 그 아이를 보았을 때 성적은 거의 하위권에 가깝고 공부에도 별 관심이 없어 보였다. 대학 교수인 아버지와 공기업에서 일하는 어머니는 "지능 검사를 해보면 머리가 나쁜 것도 아닌데, 아무리 공부시켜도 금방 까먹는다."며 한탄했다. 아이를 지도하며 지켜보니 글씨도 삐뚤삐뚤, 만사에 의욕이 없고 집중력이 거의 제로에 가까웠다. 정보를 받아들이고 이해하는 속도도 상당히 떨어졌다. 당연히 성적이 저조할 수밖에 없었다.

아이의 문제를 파악한 후, 아이와 공부 잘되는 머리 만들기 훈련에 들어갔다. 수업 시작 전 간단히 집중력 훈련을 한 후, 수업 일기를 써서 기억력을 자극했고, 교과서 넓고 자세히 보기를 통해 짜임새 있게 공부하는 법과 두뇌를 활용해 공부하는 법을 가르쳤다. 또 두뇌 속도를 높이는 훈련도 병행했다. 처음에는 낯설고 생소해 잘 따라 하지 못했다. 시간이 지나면서 조금씩 이 훈련에 익숙해지는가 싶더니 5분도 힘들었던 아이의 집중 시간이 늘어났고, 예전보다 이해력과 암기력이 좋아졌다. 무엇보다 의기소침하고 자신감 없던 모습을 전혀 찾아볼 수 없게 되었다. 두뇌를 훈련하여 공부 머리를 만들어 주자, 아이는 그동안 감추고 있던 실력을 발휘하기 시작했다. 그 결과 다음 성취도 평가 시험에서 평균 95점을 받아 주위를 놀라게 했다.

　이렇듯 아이들을 가르치다 보면, 간단한 두뇌 훈련만으로도 아이의 태도와 성적이 달라지는 것을 종종 보곤 한다. 다시 한 번 말하지만, 아이의 지능과 공부는 아무 상관이 없다. 지능이 아무리 좋아도 또 아무리 낮아도 두뇌가 공부에 필요한 능력을 갖추었느냐가 중요한 것이다. 즉 공부 머리는 따로 있다. 내가 "공부는 머리 싸움이다!"라고 주장하는 것도 이 때문이다.

　무한한 능력을 가진 만큼 두뇌는 아직 신비에 쌓여 있는 부분이 많다. 하지만 원리만 알면 누구나 쉽게 두뇌를 발달시킬 수 있다. 특히 '시냅스'는 두뇌 발달에 결정적인 역할을 한다. 시냅스는 뇌세포와 뇌세포를 연결해 주는데, 보고 듣고 느끼고 학습하는 모든 활동들이 시냅스와 관련된다. 이를 증명하듯 천재와 바보, 똑똑한 사람과 보통 사람, 우등생과 열등생의 시냅스를 비교해 보면 그 모양과 능력이 다르다.

　두뇌에 새로운 정보가 들어오면 뇌세포 사이에 시냅스가 연결된다. 이때 강하게 집중했느냐 약하게 집중했느냐에 따라 시냅스의 연결 상태가 달라진다. 반복적인 학습이 지속되면 시냅스는 소시지처럼 두꺼워진다. 소시지 모양의 시냅스는 보통의 시냅스보다 월등한 능력을 가지게 된다. 강한 기억의 힘을 가지게 되는 것이다. 이 소시지 모양의 시

냅스가 뇌세포에 많이 달려 있어야 영리하고 똑똑한 공부 머리를 만들 수 있다.

　소시지 시냅스의 능력은 기억의 힘뿐만 아니라 스피드 또한 일반 시냅스에 비해 우수하다. 일반 시냅스의 정보가 걸어간다면, 소시지 시냅스에서는 도약해서 뛰어간다고 생각하면 된다.

　시냅스가 폭발적으로 증가하는 시기가 두 번 있다. 그중에 한 번은 5세 전이며, 또 한 번은 사춘기 전인 초등학교 고학년 때다. 이 시기를 이용해 두뇌를 계발하고, 다양한 독서를 하고, 처력 등을 기른다면 시냅스가 증가하여 누구라도 훌륭한 공부 머리를 가질 수 있다. 이 시기에 어떤 생각을 가지고 어떻게 공부했느냐가 정말 중요한 것이다.

　자기 고집과 개성이 뚜렷해지는 사춘기를 지나견 이때만큼 시냅스가 증가하는 기회를 가지기 힘들다. 그래서 "세 살적 버릇이 여든까지 간다." "초등학교 성적이 평생 간다."라는 말이 있는 것이다.

　부모님을 대상으로 강의를 마치고 나면 항상 듣는 소리가 있다.

　"선생님의 공부 머리 학습법을 조금이라도 빨리 알았으면 얼마나 좋았을까요? 성적 때문에 아이를 구박하지 않아도 되고 공부 스트레스도 줄여 줄 수 있었을 텐데요."

　이러한 부모들의 모습이 안타까워 지금까지 연구한 결과와 아이들에게 실제 적용하여 발견한 '공부 잘되는 머리' 만드는 방법을 책으로 엮게 되었다.

1장에는 공부의 기본을 세울 수 있도록 두뇌 용량을 크게 하는 방법을 소개했다. 2장에는 시냅스를 강화하여 집중력과 기억력을 높여 줄 수 있도록 꾀하였고, 3장에는 두뇌의 특성을 이용해 효과적으로 공부하는 법을 담았다. 4장에는 100점을 받기 위해 꼭 필요한 이해력과 응용력을 높이는 훈련법을, 5장에는 두뇌 스피드를 높이는 방법을 설명해 놓았다.

두뇌, 뇌과학은 다소 어렵게 느껴질 수 있지만, 될수록 이해하기 쉽도록 의학적인 설명은 가급적 배제했다. 또한 초등학생들이 직접 읽고 익힐 수 있도록 호빵맨 선생님과 꼴찌 장원이의 25일 간의 수업 방식으로 구성했다. 이를 읽으며 따라 하는 사이, 저절로 공부 머리를 가질 수 있도록 꾀하였다. 다소 부족한 과학적 설명은 각 수업이 끝날 때마다 추가로 달아 놓아 부모님들의 이해를 도울 수 있도록 했다.

초등학생들에게 수업을 하면서 두뇌 속에 있는 시냅스를 사진으로 보여 주면 반응이 뜨겁다. 여기저기서 "와, 와~!" 소리를 지르며 즐거워한다. 자기 머릿속에 저렇게 징그러운 것이 있다는 게 신기하기도 하고, 새로운 것을 알게 되었다는 사실에 즐거운 것이다.

머·리·말

  부모와 아이가 이 책을 함께 읽으며 즐겁고 유익한 시간을 보냈으면 좋겠다. 그리고 자신의 머리를 더 이상 한탄하지 않고, 하고 싶은 만큼 마음껏 공부하고 원하는 만큼의 성과를 이끌어 내는 아이로 거듭나길 기원한다.

  끝으로 이 책이 나오기까지 물심양면 지원을 아끼지 않았던 글담출판사 대표님과 원고를 꼼꼼히 수정하고 정리해 준 이경숙님에게 감사의 마음을 전한다.

추천사 4
머리말 6

1장. 꼴등 장원이 호빵맨 선생님과 만나다
– 두뇌를 알고 공부의 목표를 세우다 17

1일 호빵맨 선생님의 장원이 기습 점검 19
보충 수업 : 무조건 '공부, 공부'가 아닌 현재 상태를 점검한다 | 두뇌의 에너지 공급원

2일 공부 그릇이 커진다고요? 25
보충 수업 : 목표는 공부 효율을 결정짓는 최대 요인

3일 목표 세우는 건 어려워~! 30
보충 수업 : 두뇌의 성취욕을 자극하는 방법 | 점검의 힘

4일 1등 머리를 갖고 싶어요! 36
보충 수업 : 천재들만이 발달한 두뇌 부위 '뇌량' | 두뇌를 100 퍼센트 활용하는 공부법

2장. 신기한 '공부 머리 수업'이 시작되다
– 두뇌 각 부위의 자극을 높이면 집중력과 기억력이 향상된다 41

5일 이야기를 듣다 보면 자꾸 딴생각이 나요! 43
보충 수업 : 집중력은 정보의 저장 여부를 결정한다 | 공부의 성과를 좌우하는 '저절로 회복되는 능력' | 산만한 아이의 집중력 훈련법

6일 머리에 눈코입이 달려 있어요! 48
보충 수업 : 새로운 정보를 장기 기억으로 전환시키는 법

7일 밥 먹을 때도 공부 내용이 떠올라요! 54
보충 수업 : 정보 교환과 저장이 빨라지는 3분 떠올리기 | 정도를 전달하는 도로 '시냅스'

8일 수업 내용을 일기로 쓰라고요? 60
보충 수업 : 시냅스를 강화시키는 효과적인 떠올리기 훈련

9일 듣고 그리고 찍어요! 67
보충 수업 : 뇌의 활동 패턴과 일치하는 클래식 | 아이디어가 '번쩍' 빛나는 이유

10일 부분을 보고 전체 모습을 상상해요! 78
보충 수업 : 두뇌 자극을 극대화시키는 상상 훈련 | 두뇌 비타민 '9고'

3장. '머리가 좋아하는 공부법'을 배우다
– 두뇌의 특징을 활용해 공부 효율을 극대화시키는 공부법 85

11일 거짓말 총출동! 두뇌를 속여라! 87
보충 수업 : 생각이 시냅스를 살리고 죽인다

12일 이 많은 공부를 다 해야 하나요? 92
보충 수업 : 매일 해야 하는 공부와 플러스 공부를 구분해야 하는 이유

13일 노트 검사를 받아요! 98
보충 수업 : 좌뇌와 우뇌의 특성에 맞춘 노트 정리법의 효과 | 자기만의 노트 정리법을 고안하라

14일 아뵤~! 교과서의 달인 등극! 109
보충 수업 : 전체 흐름을 파악하는 교과서 읽기 | 왜 다른 사람의 성공담을 읽어야 할까?

15일 교과서의 숨은 약도를 찾아요! 116
보충 수업 : 빠르고 편리하게 핵심만 예습하는 법

16일 수업 중 메모하는 법을 배워요! 123
보충 수업 : 손과 두뇌 발달의 관계 | 위인 300명의 공통점

4장. 1등의 꿈을 품다!
– 아쉽게 틀리는 한두 문제, 이해력과 응용력이 해결책이다 129

17일 내 머리에 방이 있다고요? 131
보충 수업 : 필요한 정보를 빠르게 떠올리는 법

18일 똑같은 이야기를 듣고 왜 서로 다른 내용을 기억할까요? 137
보충 수업 : 복잡하고 많은 내용의 요점을 빠르게 파악하는 법

19일 개념이 도대체 뭐예요? 144
보충 수업 : 응용력의 바탕이 되는 개념 이해

20일 무조건 많은 책을 읽으면 안 된다고요? 151
보충 수업 : 우등생들이 시험 문제를 미리 알고 있는 이유 | 독서와 시냅스의 관계

차 · 례

5장. 장원이, 두뇌 스피드를 높이다!
– 숨은 잠재 능력을 깨워 두뇌 스피드를 높인다 159

21일 머리가 핑핑 돌아요! 161
보충 수업 : 두뇌 스피드에 영향을 미치는 요인들 | 자신의 기분에 따라 기억하는 정보가 달라진다

22일 선생님, 이게 정말 제 성적인가요? 173
보충 수업 : 틀린 문제를 또 틀리는 이유

23일 나만의 문제집을 찾았어요! 178
보충 수업 : 많이 틀려도 괜찮은 이유 '비상 시냅스'

24일 나도 초능력자가 될 수 있어요! 185
보충 수업 : 잠재 능력은 어디서 나올까?

25일 잠재 능력아, 깨어나라! 190
보충 수업 : 상상을 뛰어넘은 상상의 힘 | 과목별 상상 훈련법

* 1등 머리로 거듭난 장원이의 하루 200

Tip 1 공부를 시작할 때 반드시 알아야 하는 10가지 204
Tip 2 상위 1% 아이들의 공부 습관 207

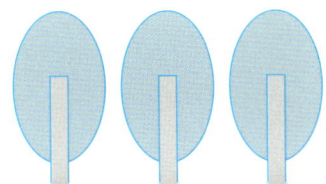

1장
꼴등 장원이 호빵맨 선생님과 만나다
두뇌를 알고 공부의 목표를 세우다

1일 호빵맨 선생님의 장원이 기습 점검
보충 수업 무조건 '공부, 공부'가 아닌 현재 상태를 점검한다 / 두뇌의 에너지 공급원

2일 공부 그릇이 커진다고요?
보충 수업 목표는 공부 효율을 결정짓는 최대 요인

3일 목표 세우는 건 어려워~!
보충 수업 두뇌의 성취욕을 자극하는 방법 / 점검의 힘

4일 1등 머리를 갖고 싶어요!
보충 수업 천재들만이 발달한 두뇌 부위 '뇌량' / 두뇌를 100 퍼센트 활용하는 공부법

성적이 좋지 못한 아이들은 "아무리 공부해도 잘 외워지지가 않아." "방금 배운 것도 기억이 안 나." 하고 한탄하며 머리를 탓한다.
정말 그럴까? 1등 머리와 꼴등 머리는 다를까?
사람의 머리는 모두 똑같다. 하지만 성장하면서 두뇌를 활용하는 정도는 저마다 다르다. 그 차이가 성적을 가르게 된다. 두뇌의 특성을 이해해서 훈련하면 '쉽게 외우고 오래 기억하는' 공부 머리를 만들 수 있다.
특히 인간의 뇌는 목표를 세우면 두뇌 그릇이 '뻥'하고 커지도록 프로그램화되어 있다. 이러한 두뇌 작용 때문에 학습 목표를 세워서 실천하는 아이의 두뇌와 억지로 공부하는 아이의 두뇌 모습은 다르다. '도대체 공부는 왜 하는 걸까?' '공부하는 목적은 뭘까?' '공부를 해서 나는 어떤 사람이 될까?' 고민해 보자.

호빵맨 선생님의 장원이 기습 점검

학교에서 돌아온 장원이는 가방을 내려놓자마자 한숨을 쉬었다. 오늘부터 과외를 시작한다고 하는데, 벌써부터 눈앞이 캄캄하다.

"똑똑똑" 갑자기 노크 소리가 들리며 엄마와 한 남자가 들어왔다. 엄마가 말했던 과외 선생님인 것 같았다. 동그란 눈, 빨간 코, 터질 듯이 통통한 볼을 가진 선생님은 영락없는 호빵맨이었다.

"장원아, 안녕?"

"아, 안녕하세요?"

"어머? 큰 소리로 인사해야지. 그게 모니? 얘가 숫기가 없어요. 잘 부탁해요. 장원이 너도 선생님 말씀 잘 들어야 한다~."

엄마는 호들갑스럽게 얘기를 하더니 방을 나갔다. 엄마가 방을 나가자, 선생님은 방을 한번 쓱 둘러본 후 나를 뚫어져라 쳐다보았다. 그 눈빛이 마치 내 머릿속까지 꿰뚫어 보는 것같아 온몸에 소름이 돋았다.

"장원아, 만나서 반가워. 아주 영리하게 생겼구나. 오늘은 첫날이니까 가볍게 이야기를 나누도록 할까?"

"조…… 좋아요."

"장원아, 오늘 1교시 수업이 뭐였니?"

매일 보는 시간표인데도 잘 생각나지 않았다. 장원이가 '뭐였더라!' 고민하는데, 다음 질문이 날아왔다.

"그럼 오늘 담임 선생님은 무슨 옷을 입으셨어?"

장원이가 기억을 떠올리며 머뭇거리는 사이, 선생님의 질문은 계속되었다. 어제 푼 문제 중에 기억나는 문제는 무엇이냐, 오늘 수업 시간에 선생님이 무슨 얘기를 하셨냐 등 시시콜콜 물어 왔다. 장원이의 머릿속은 백지장처럼 하얘졌다. 그저 '왜 이런 쓸데없는 질문을 하지?' 하는 생각만 맴돌았다. 장원이는 "휴~." 한숨을 내쉬었다.

"아! 생각났어요. 오늘 1교시는 과학이었어요!"

장원이가 갑자기 큰 소리로 외치는 바람에 선생님이 화들짝 놀라 장원이를 쳐다봤다. 장원이는 이제라도 1교시 수업 과목을 생각해 낸 자신이 자랑스러웠다.

"아, 오늘 1교시가 과학이었구나. 그럼 오늘 어떤 것을 배웠는지 궁금한데, 선생님한테 공책이나 교과서를 보여 주지 않겠니?"

"네? 아……, 네."

'왜 이런 걸 보여 달라고 하시지? 진짜 이상한 선생님이네.'

장원이는 이상한 질문을 잔뜩 쏟아 내다가 이제는 교과서를 보여 달라는 선생님의 행동이 이상하게 느껴졌다.

"하하하~! 장원아, 이거 네가 그렸니? 장원이가 그림을 잘 그리는구나."
　칭찬을 받자 어깨가 으쓱해졌다. 그것도 잠시 '아뿔싸, 수업 중에 낙서해 놨는데.' 하는 생각이 들며 얼굴이 빨개졌다.
　"그런데 장원아, 수업 중에 메모한 흔적은 없네?"
　"아, 그……그건요. 책에 다 나와 있고, 또 그러니깐……."
　장원이는 수업 중에 딴짓한 것을 들킨 것 같아 식은땀이 흘렀다.
　'엄마한테 이르면 어떡하지?'
　하지만 선생님은 아무 일도 없었다는 듯 다른 교과서와 공책들을 살펴보았다. 그리고 얼마 후 선생님이 장원이를 향해 미소 지으며 물었다.
　"장원이는 공부를 잘하고 싶니?"
　"네! 당연하죠. 엄청 엄청 잘하고 싶어요."
　"왜 잘하고 싶니?"
　"음, 잘하면 칭찬도 받고, 친구들도 부러워하고……."
　"그럼, 공부하는 게 재미있니?"
　"에이, 공부를 재미로 하나요. 어쩔 수 없이 하는 거죠. 안 하면 혼나기도 하고요."
　"흠, 그렇구나."
　그 후 선생님은 갑자기 팔씨름을 하자고 했다. 사실 장원이는 친구들 사이에서 '힘'으로 유명했다. 팔씨름 몇 번 만에 얼굴이 빨갛게 달아오른 선생님이 "장원이는 아주 건강해서 좋구나." 하면서 웃으셨다. 그리고 첫날이니깐 오늘은 이 정도로 하자며 노트에 열심히 무언가를 쓰셨다. 정말 이상한 과외 선생님이다.

호빵맨 선생님의 장원이 진단 평가

- 기억력이 떨어진다.

오늘 1교시 수업, 선생님 옷차림도 기억하지 못할 만큼, 기억력이 떨어진다.

- 집중력이 떨어진다.

교과서와 공책에 필기는 없고 낙서만 가득했다. 수업에 집중하지 못하고 산만한 것을 알 수 있다.

- 두뇌 스피드가 떨어진다.

질문 내용이 바뀔 때마다 당황하며 빠르게 이해하고 처리하지 못했다.

- 공부에 대한 잘못된 인식을 가지고 있다.

공부의 목적과 의미를 잘못 알고 있어 공부의 재미를 느끼지 못한다.

- 체력이 아주 좋다.

운동을 좋아하여 건강하다. 공부를 잘하기 위해서는 체력이 중요하다. 대단히 긍정적인 점이다.

수업이 끝난 후, 선생님은 장원이의 어머니에게 진단 평가를 보여 드렸다.

"헉! 우리 애 문제가 심각한 건 아닌가요? 바뀔 수 있을까요?"

"물론이죠. 장원이와 같은 문제를 갖고 있는 아이들은 아주 많아요. 저와 함께 두뇌 훈련을 하다 보면 자연히 이 문제들도 해결되고 공부 잘 되는 머리를 가질 수 있을 거예요."

"그게 정말인가요? 머리는 타고나는 거 아닌가요?"

"보통 부모님들이 그렇게 생각하시는데, 아이큐는 타고나지만 공부 머리는 충분히 훈련을 통해 만들 수 있어요. 그리그 아이큐와 성적은 별 상관 없다는 것이 여러 실험을 통해 밝혀지고 있어요."

"아, 정말 몰랐어요. 저는 애가 나름 한다고 하는데 성적이 안 올라서 머리가 나쁜가 하고 고민하고 있었거든요. 선생님의 이야기를 들으니 안심이 되네요."

"걱정 마세요. 한 달 후 달라진 장원이의 모습을 보게 되실 거예요."

장원이 엄마는 선생님에 대한 명성을 듣고 수소문하여 과외를 부탁한 것이었다. 둥글둥글하고 순하게 생긴 외모와 달리 확신에 찬 표정과 말투에 신뢰가 갔다.

 수업 총정리 ★1일

공부하기 전 공부 체력, 공부 능력, 공부 머리를 체크하라!
교과서와 노트를 통해 집중력을 확인할 수 있으며 사소한 질문들로 기억력을 점검할 수 있다. 이를 통해 무엇이 부족한지 파악하여, 취약한 부분을 집중 관리해야 한다.

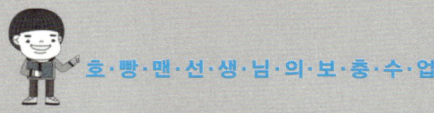
호·빵·맨·선·생·님·의·보·충·수·업

무조건 '공부, 공부'가 아닌 현재 상태를 점검한다

학습을 통해 성과를 낳기 위해서는 아이의 현재 상태에 대한 올바른 진단이 필요하다. 그래야 이에 적합한 방법을 모색할 수 있기 때문이다. 전문가의 도움 없이도 집에서도 충분히 아이의 상태를 점검할 수 있다. 과외 선생님이 장원이에게 물어본 사소한 질문과 검사한 사항들을 유심히 살펴보길 바란다. 이를 통해 간단하게 아이의 집중력, 기억력, 두뇌 스피드 등을 점검할 수 있다.

두뇌의 에너지 공급원

공부를 잘하기 위해서는 새로운 정보를 빠르게 받아들이고 처리하여 필요한 순간에 적합한 정보를 제공할 수 있어야 한다. 이는 두뇌에서 이루어지는데, 피로하거나 아프면 두뇌가 제 역할을 제대로 해내지 못한다. 정보를 받아들여야 할 두뇌가 정보보다 아픈 부위에 더 신경을 쓰기 때문이다. 몸과 두뇌는 서로 개별적으로 작동하는 것 같지만 사실 서로 긴밀히 연결되어 있다. 몸을 관장하는 것이 두뇌이기 때문이다.

또한 두뇌의 작용에는 많은 에너지가 필요하다. 체력은 몸 안의 에너지를 뜻한다. 따라서 체력이 강할수록 오랜 시간, 빠른 속도로 공부할 수 있다.

최근 신체 운동이 기억력과 인지능력을 전반적으로 향상시킨다는 연구 결과가 나왔다. 걷기, 자전거 타기, 계단 오르기나 레저 스포츠 등의 신체 활동이 많은 사람일수록 기억력과 관련된 대뇌 피질이 두꺼워져 기억력이 좋아진다는 것이다. 공부를 잘하기 위해서는 몸이 튼튼해야 한다. 공부 체력이 곧 두뇌의 힘이다.

2일 공부 그릇이 커진다고요?

이튿날 다시 만난 호빵맨 선생님은 신기한 이야기로 수업을 시작했다.

"목표를 세워서 공부하면 두뇌가 변신을 해. 두뇌 속에 있는 공부를 담는 그릇이 커진단다."

장원이는 점점 더 선생님이 의심스러워졌다. 사람 두뇌가 로봇도 아니고 변신을 한다니 정말이지 말도 안 되는 소리다.

"이해가 안 될 거야. 자, 그림을 한번 봐보자꾸나."

선생님은 빙그레 웃으며 하얀 종이에 몇 개의 원을 그려 넣었다.

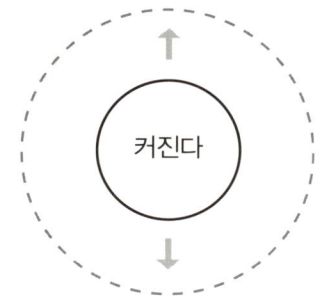
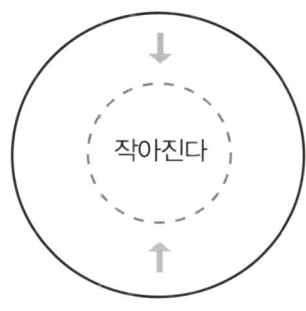

목표는 공부 그릇의 크기를 좌우한다.

"동그란 원을 네 머릿속에 있는 두뇌라고 생각하렴. 목표를 세우면 왼쪽 원처럼 두뇌에 있는 공부를 담는 그릇이 커져. 반대로 목표가 없으면 오른쪽 원처럼 그릇이 작아지지."

공부 그릇이 커지고 작아진다는 말에 장원이의 눈이 휘둥그레졌다. 자신의 머리를 만지며 '에이, 그런 게 어딨어?' 라고 생각했다.

"장원아, 공부는 어디로 하지?"

"머, 머리요?"

"그래, 공부는 머리로 해. 그런데 그 머리에 있는 두뇌가 커진다면 훨씬 많은 양을 외우고, 더 잘 기억하게 되겠지?"

선생님은 계속 질문했다.

"장원아, 두뇌는 어떤 일을 하지? 어떤 능력을 가지고 있을까?"

장원이는 뭔가 얘기를 하고 싶었지만 입 안에서 맴돌기만 했다. 그러고 보니 장원이는 그동안 두뇌에 대해서 특별히 생각해 본 적이 없었다.

"두뇌는 우리가 받아들인 정보를 처리하여 머릿속에 저장해. 그리고 필요한 순간에 적절한 정보를 제공해 준단다. 신기하지? '공부 은행' 이라고 생각하면 돼. 우리는 평상시 두뇌를 10% 정도밖에 사용하지 못해. 만약 두뇌를 더 많이 사용할 수 있다면 공부 은행도 더 커지겠지?"

선생님은 앞으로 두뇌의 사용량을 높이고 능력을 키우기 위한 두뇌 훈련을 할 것이라고 했다. 또한 두뇌를 활용하여 보다 빠르고 정확하게 공부할 수 있는 방법을 알려 줄 거라고 했다. 특히 두뇌 안에 '시냅스'라는 것이 있는데, 이게 공부할 때 대단히 중요한 역할을 한다고 덧붙였다. 처음에는 이상한 선생님이라고 생각했지만, 왠지 만날 꼴찌인 장원이도, 선생님과 두뇌 어쩌고를 이용하여 공부하면 진짜 '공부 잘되는 머리'를 가져 1등 할 수 있을 것만 같은 희망이 솟았다.

"그런데 장원이는 공부가 싫다고 했지? 사실 모든 아이들이 공부를 싫어한단다. 선생님 역시 공부가 너무 싫었어. 그런데 어느 순간 공부가 재미있어지더니 부모님이 시키지 않아도 스스로 하게 되었어."

"헉! 정말요? 전 아무리 노력해도 공부하기 싫던데……."

"사실 공부는 아주 재미있단다. 단지 너희들이 일등을 하기 위한 수단으로만 생각하기 때문에 공부가 싫은 거지. 장원아, 너는 꿈이 뭐니?"

"예? 저요? 전 요리사가 되고 싶어요."

사실 장원이의 꿈은 요리사가 되는 것이다. 사람들이 자신이 만든 음식을 먹고 행복해하는 모습을 상상하는 것만으로도 마음이 벅차오른다.

"요리사가 되려면 무엇을 배우고 익혀야 하지?"

"신선한 재료를 고르고 다듬고 요리하는 방법이요."

"그것만 익히면 훌륭한 요리사가 될 수 있을까? 요리도 과학이란 말 들어 본 적 있을 거야. 왜 라면을 끓일 때 양은 냄비를 사용하면 더 맛있을까? 그건 양은 냄비가 열을 보다 잘 전달해 주기 때문이란다. 과학을 잘 안다면, 이를 응용하여 요리를 보다 잘할 수 있겠지?"

"아, 정말 그렇네요! 신기해요."

장원이는 사실 그동안 자신은 요리사가 될 것이기 때문에 다른 공부는 필요 없다고 생각했다. 그런데 선생님의 설명을 듣고 보니 공부를 해서 아는 것이 많아질수록 요리도 더 잘할 수 있다는 것을 깨달았다.

"우리가 공부를 하는 이유는 꿈을 이루기 위해서야. 그것이 어떤 꿈이든 공부는 네가 성공적으로 꿈을 이룰 수 있도록 도와준단다. 이렇게 생각하면 점점 공부가 재미있어질 거야."

 수업 총정리★2일

공부하기 전 뚜렷한 목표를 세워라!

공부를 시작하기에 앞서 중요한 것은 목표 설정이다. 그 목표가 크든 작든, 목표가 뚜렷할수록 공부 그릇이 커져 암기력과 이해력이 빨라진다.

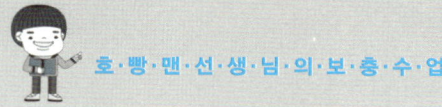
호·빵·맨·선·생·님·의·보·충·수·업

목표는 공부 효율을 결정짓는 최대 요인

우리 두뇌는 보고, 듣고, 생각하고, 만지고, 쓰고, 행동하고, 느끼는 등 인체에서 일어나는 모든 일을 지휘하는 총사령관이라고 할 수 있다. 따라서 공부 역시 두뇌를 잘 활용해야 잘할 수 있다.

공부에 영향을 미치는 요인은 타고난 지능(IQ)만이 아니다. 왜 공부를 하는지(동기 부여), 어떻게 공부해야 하는지(공부법)에 대한 인지도 중요한 요인 중 하나다. 그중에서 공부법은 도구와 같은 역할을 한다면 공부 목표는 공부의 근원이자 원동력이 된다. 따라서 반드시 갖추어야 한다. 하지만 이러한 인식을 가지고 공부하는 아이들은 거의 없다. 그런 아이들은 아무리 공부해도 공부 그릇이 작으니 많은 정보를 받아들일 수 없다.

먼저 목표를 설정해야 한다. 목표를 세우는 순간, 그 목표가 크든 작든 두뇌는 그 목표를 달성하기 위해 최대한의 정보를 받아들이려고 한다. 이로 인해 두뇌의 공부 그릇이 커진다. 그리고 목표를 달성해야 한다는 의무감과 성취 욕구가 두뇌 활동을 자극하여 보다 적극적인 두뇌 활동을 이끌어 낸다. 따라서 효율적으로 공부하기 위해서는 목표부터 세워야 한다.

3일 목표 세우는 건 어려워~!

 호빵맨 선생님은 수업을 시작하기 전에 항상 책상을 정리하게 한다. 책상이 산만하고 지저분하면 시선이 분산되고 집중력이 흐트러지기 때문이라고 했다.
 "아, 청소하니깐 기분 정말 좋다. 그렇지? 자, 오늘은 선생님하고 만들기를 할 거야."
 "만들기요?"
 장원이는 '오늘은 공부를 안 해도 되나?' 하고 기대에 부풀었다.
 "응, 지난 수업에서 공부를 하기 전에 목표를 세우는 게 중요하다고 했지? 그러면서 네가 공부하는 이유에 대해서도 알려 주었고. 그래서 오늘은 조금 구체적인 목표를 세워 볼까 해. 다름 아닌 공부 계획표란다!"
 '그럼 그렇지.' 실망한 장원이는 시무룩해졌다. 그런 장원이의 기분을 아는지 선생님은 웃음을 참으며 이제부터 구체적인 공부 계획을 세워 보자고 했다. 공부 계획표는 매우 다양한데, 하루, 일주일 등 기간에 따른 계획표와 자격증, 지식 습득 등 목적에 따른 계획표가 있다고 했다.

"자, 이것을 보자."

선생님은 가지고 온 가방에서 카드 한 장을 꺼냈다.

공부 그릇이 커지는 카드		날짜	
순서	오늘의 공부	목표량	확인
1			
2			
3			
4			
5			

A4 용지 4분의 1만 한 카드였다.

"장원아, 우리가 이제부터 세울 공부 계획표를 '공부 그릇이 커지는 카드'라고 부르도록 하자꾸나. 공부 그릇이 더욱 팍팍 커지도록 말이지. 이 카드는 네가 목표를 정하고 실천할 수 있도록 도와줄 거야. '오늘의 공부'에는 공부할 과목을 쓰고, '목표량'에는 어느 부분을 얼마만큼 공부할 것인지 적으면 돼. 알겠니?"

선생님이 한번 계획표를 세워 보라고 했다.

오늘의 공부 영 2, 수 2, 국 1

계획표를 세우며 하도 머리를 쥐어뜯은 탓에 장원이의 머리가 산발이 되었다. 선생님이 그 모습을 보고 웃음을 터트렸다. 그리고 헝클어진 머리를 다듬어 주며 이 계획표가 무슨 의미냐고 물었다.

"영어 2시간, 수학 2시간, 국어 1시간이요."

"장원아, 계획표를 세울 때는 이렇게 막연히 적어서는 안 돼. 특히 시간 단위로 목표량을 세우는 건 좋지 않아. 한 문제 풀고 나머지 시간 동안 딴짓하며 놀아도 공부 시간은 채웠으니깐 계획은 달성한 게 되잖아. 이러면 시간 때우기 식 공부가 될 수 있어. 영어 1페이지, 수학 10문제 이런 식으로 구체적으로 적어야 해."

장원이는 선생님의 이야기를 들어 보니 자신이 얼마나 엉터리로 계획을 세웠는지 알 수 있었다. 또 선생님은 욕심 내지 말고 자신이 정말 할 수 있을 만큼만 목표로 잡아야 한다고 했다. 그리고 언제 보더라도 기분이 좋도록 또박또박 깨끗하게 적으라고 했다.

장원이는 선생님의 설명을 명심하며 다시 계획표를 세웠다.

선생님은 장원이가 한 것을 보고 "처음치고 아주 잘했어."라며 칭찬해 주었다. 장원이는 자신이 작성한 카드를 보자 이미 공부를 다 끝낸

공부 그릇이 커지는 카드			날짜 2010.6.24
순서	오늘의 공부	목표량	확인
1	수학	교과서 2단원(10~12쪽)	
2	영어	학원 숙제(25~28쪽)	
3	독서	『나의 라임 오렌지나무』(70~163쪽)	
4			
5			

것처럼 뿌듯해졌다.

"이렇게 한눈에 볼 수 있게 목표를 세워 놓으니까 어떠니?"

"기분이 좋고 자신감이 생겨요."

"바로 그거야. 자신감! 할 수 있다는 자신감은 아주 중요해!"

장원이의 말에 선생님은 기특하다며 등을 토닥거려 주었다.

"공부 계획표에서 가장 중요한 건, 목표를 세우는 게 아니야."

"그럼 뭐예요?"

"네가 계획표대로 잘 공부했는지 확인하는 거란다. 예를 들어 충분히 해냈으면 'O', 하다 말았으면 '△', 안 했으면 '×' 등으로 표시해 두는 거야. 그리고 왜 못했는지 반성해야 해. 만약 너무 무리한 목표를 세워 하지 못했다면 다음부터는 공부량을 줄이면 돼. 이를 통해 네게 적합한 하루 공부량을 터득할 수 있어. 또 매일 꾸준히 공부하는 습관과 자신에게 맞는 공부법도 찾을 수 있지."

수업 총정리★3일

공부 계획표를 통해 목표를 세우는 습관을 들여라!

계획표를 세울 때는 공부 순서, 학습량 등을 구체적으로 적어야 한다. 그리고 반드시 점검하는 시간을 가져야 한다. 이를 통해 자신에게 맞는 공부량, 공부법을 파악하게 된다.

호·빵·맨·선·생·님·의·보·충·수·업

두뇌의 성취욕을 자극하는 방법

두뇌는 지나치게 높은 목표량을 잡는 것을 싫어한다. 또 목표를 지키지 않는 것도 싫어한다. 두뇌는 굉장히 똑똑하다. '이 정도만 해도 괜찮아. 난 열심히 했어.'라고 스스로 아무리 주장해도 두뇌는 그렇게 생각하지 않는다. '과정'에 상관없이 목표를 달성하지 못했다는 '결과'에 주목하도록 프로그램되어 있기 때문이다. 따라서 목표는 반드시 지켜야 한다.

인간의 두뇌는 끊임없이 목표를 세우고 성취하는 행위를 즐긴다. 이것은 다른 동물과는 다른 고도의 사고 능력 때문이다.

두뇌는 목표를 달성했을 때 느끼는 성취감을 기억해 두고 다시 한 번 그런 감각을 느끼고자 한다. 새로운 목표에 도전하고 성취하려고 하는 욕구가 점점 커지는 것이다. 그리고 그러한 성취감을 반복해서 느끼는 사이 점점 더 큰 목표를 달성할 수 있는 능력을 가지게 된다.

점검의 힘

공부 계획표를 세울 때는 공부량을 구체적으로 적어야 실천 의지가 더욱 강해진다. 그리고 목표를 제대로 실천했는지 점검하는 시간을 통해 목표량을 왜 지키지 못했는지 그 이유를 분석해야 한다. 이 과정을 통해 공부량이 너무 많아 하지 못했다면, 다음 날에는 공부량을 조금 줄이는 것이다. 이런 식으로 자기 수준에 맞는 공부량을 찾을 수 있다.

또한 점검을 통해 자신이 어떤 순서로 공부하거나, 어떤 방법을 사용했을 때 공부 효율이 높아졌음을 발견할 수 있다. 자신에게 맞는 공부 순서, 공부 요령 등을 터득하게 되는 것이다. 이는 누가 알려 줄 수 없다. 꾸준히 계획을 세우고 점검해야만 얻을 수 있는 수확이다.

하루 공부 계획을 달력에 써놓아도 좋다. 그날그날의 공부 계획을 적어 놓으면 한 달 동안 어떤 공부를 했는지 앞으로 무엇을 공부해야 하는지 등을 쉽게 파악할 수 있다.

SUN	MON	TUE	WED	THU	FRI	SAT
	1	2	3	4	5	6
7	8	9	10	11	12	13
14	15	16	17	18	19	20
21	22	23	24	25	26	27
28	29	30	31			

21

수학 : 교과서 2단원(25~30쪽)
　　　　문제집 3장
영어 : 학원 숙제, 듣기 평가 3회
독서 : 『톰 소여의 모험』(70~100쪽)
과학 : 1단원 복습

1등 머리를 갖고 싶어요!

장원이는 선생님과 수업하면서 조금씩 자신이 달라지는 것을 느낄 수 있었다. 특히 선생님이 해주는 두뇌에 대한 이야기는 들을수록 신기했다. 그리고 왠지 조금씩 내 머리가 똑똑해지는 것 같았다. 그런 한편으로 내가 과연 공부를 잘할 수 있을까 걱정이 되었다. 1등 하는 애들은 기본적으로 나와 머리 자체가 다른 것 같기 때문이다.

"장원아, 무슨 생각을 그렇게 하니?"

"선생님, 저처럼 머리 나쁜 애도 순식간에 외우고 기억하는 머리를 가질 수 있나요?"

"물론이지!"

"자, 그림을 봐보렴."

"우와~! 이게 모예요?"

"뇌 모습이야. 신기하지?"

"네! 근데 원래 뇌는 2개예요?"

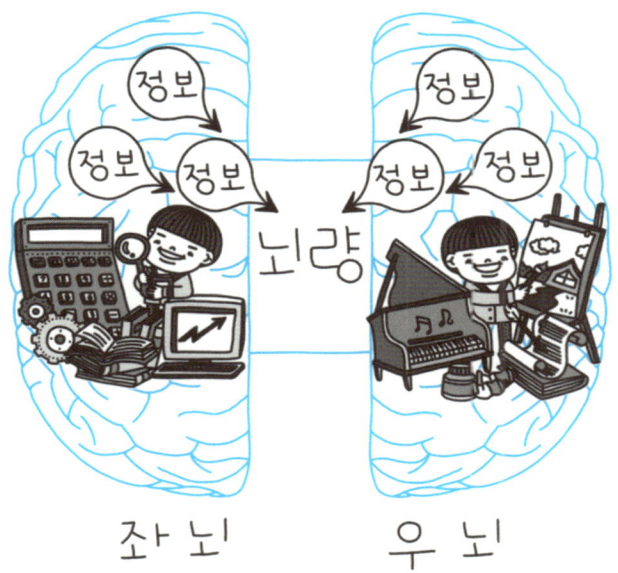
뇌량을 통해 좌뇌와 우뇌의 정보가 이동한다.

"하하하~! 그게 아니라 우리 뇌는 그림처럼 '좌뇌'와 '우뇌'로 나뉘어 있어. 이해가 쉽도록 조금 과장해서 그려 놓은 거야."

"아, 그렇구나. 그런데 똑같은 뇌인데 하는 일이 달라요?"

"응, 맞아. 각자 하는 일이 다르단다. 자, 그림을 봐도 알 수 있듯이 좌뇌에서는 주로 판단하고 분석하고 우뇌에서는 상상하고 추리하며 예술적 감각을 관리해. 그럼 여기서 질문! 공부할 때는 주로 어느 쪽 뇌를 사용할까?"

"음, 좌……좌뇌?"

"그래, 공부할 때는 주로 좌뇌가 사용돼."

"그럼 우뇌는 전혀 사용 안 되나요?"

"아니지, 책에도 그림이나 표가 있는데다 실험처럼 활동을 해야 할 때도 있잖아. 그땐 우뇌를 사용해. 단지 공부할 때는 주로 좌뇌를 사용한단다."

"너무 아까워요. 나머지도 사용할 수 있으면 좋을 텐데."

"응, 맞아. 양쪽을 다 활용할 수 있다면 보다 효율적으로 공부할 수 있겠지."

"그렇게 할 수 있나요?"

"물론이야. 책을 단순히 눈으로만 보고 이해하는 게 아니라, 손으로 쓰거나 몸을 움직이며 읽어 보렴. 그러면 운동을 인지하는 우뇌가 작동하게 돼. 그와 동시에 머릿속으로 정보가 들어가니 좌뇌도 작동하지. 이렇게 되면 두뇌가 모두 활용되어 훨씬 암기력이 좋아진단다. 공부 내용을 표로 만들어 외우면 잘 외워지는 것도 이미지를 관할하는 우뇌가 작용되어서야. 양 두뇌를 사용해서 공부하는 법은 나중에 자세히 배우게 될 거야."

선생님의 설명을 들은 장원이는 머릿속 세계가 신기하게 느껴졌다. 이런 간단한 방법으로 자신의 두뇌를 모두 활용해서 우등생 친구처럼 공부할 수 있다니, 의욕이 마구 솟구쳤다.

"장원아, 1등 하는 친구들과 너의 가장 큰 차이점이 뭔지 아니? 바로 자신감이야. 너는 시작하기도 전부터 네가 할 수 있을까 걱정하잖아. 이런 생각은 너의 능력을 억눌러 공부를 방해한단다. 그러니 자신감을 가지고 앞으로 선생님만 믿고 따라오렴. 네가 가진 놀라운 힘을 확인하게 될 거야. 알겠니?"

"네!"

장원이는 지붕이 떠나가라 크게 외치며 마음속으로 결심했다.
'꼴찌라고 만날 놀리던 애들 두고 봐! 나도 하면 할 수 있다고!'

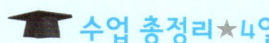 수업 총정리★4일

좌뇌와 우뇌를 동시에 활용할 방법을 고민하라!
사람의 지능 지수는 대부분 비슷하다. 누가 보다 효율적으로 두뇌를 사용하느냐의 차이가 있을 뿐이다. 공부하기에 앞서 '나는 할 수 있다.'는 자신감을 가지고 두뇌 활용을 높이는 방법을 익혀야 한다.

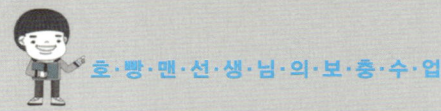
호·빵·맨·선·생·님·의·보·충·수·업

천재들만이 발달한 두뇌 부위 '뇌량'

좌뇌와 우뇌를 연결하는 다리가 있는데 그것을 '뇌량'이라고 부른다. 뇌량을 통해 좌뇌와 우뇌 사이로 정보가 이동한다.

특이한 건 성장해 가면서 이 뇌량의 기능이 떨어진다는 것이다. 사춘기 이후 좌뇌와 우뇌 중 한쪽 뇌를 더 많이 사용하게 되면서 다리로서의 뇌량 역할이 줄어들기 때문이다. 아예 한쪽 뇌를 사용하지 못한다는 것이 아니라 사람에 따라서 좌뇌를 더 많이 사용하는 사람이 있고, 우뇌를 더 많이 사용하는 사람이 생긴다는 의미다. 그래서 '좌뇌형 인간', '우뇌형 인간'이란 말이 나온 것이다.

천재들은 성인이 되어서도 좌뇌와 우뇌 사용 정도가 비슷하여 뇌량의 작동이 활발하다. 어려서부터 좌뇌와 우뇌를 동시에 사용하는 연습을 통해 뇌량의 기능을 유지시키는 일은 매우 중요하다.

두뇌를 100 퍼센트 활용하는 공부법

두뇌는 딱딱한 두개골과 여러 막에 의해 보호받으며 끈끈한 액체에 둘러싸여 있다. 두뇌를 외부의 충격으로부터 보호하기 위해서다. 두뇌는 크게 좌뇌와 우뇌로 나뉘어 있고 이들은 각각 다른 역할을 한다. 좌뇌는 판단하고 논리적으로 분석하고 부분을 관찰하는 기능을 담당한다. 반면 우뇌는 전체 이미지를 관찰하며 상상력과 창의력, 음악성, 지도력, 운동 기능을 담당한다.

이러한 뇌 구조 때문에 사람은 동시에 두 가지 일을 해야 균형을 이뤄 안정감을 느끼게 된다. 잘 떠오르지 않던 일도 손을 흔들거나 몸을 움직이면 생각이 잘 나는 것도 이 때문이다. 그래서 가만히 앉아서 공부하는 것보다 몸을 다양하게 움직여 양쪽 뇌를 모두 사용하는 것이 좋다.

2장
신기한 '공부 머리 수업'이 시작되다
두뇌 각 부위의 자극을 높이면 집중력과 기억력이 향상된다

5일 이야기를 듣다 보면 자꾸 딴생각이 나요!
보충 수업 집중력은 정보의 저장 여부를 결정한다/
공부의 성과를 좌우하는 '저절로 회복되는 능력'/
산만한 아이의 집중력 훈련법

6일 머리에 눈코입이 달려 있어요!
보충 수업 새로운 정보를 장기 기억으로 전환시키는 법

7일 밥 먹을 때도 공부 내용이 떠올라요!
보충 수업 정보 교환과 저장이 빨라지는 3분 떠올리기/
정보를 전달하는 도로 '시냅스'

8일 수업 내용을 일기로 쓰라고요?
보충 수업 시냅스를 강화시키는 효과적인 떠올리기 훈련

9일 듣고 그리고 찍어요!
보충 수업 뇌의 활동 패턴과 일치하는 클래식/
아이디어가 '번쩍' 빛나는 이유

10일 부분을 보고 전체 모습을 상상해요!
보충 수업 두뇌 자극을 극대화시키는 상상 훈련/
두뇌 비타민 '9고'

두뇌에는 무수히 많은 뇌세포와 시냅스가 존재한다. 시냅스는 뇌세포를 이어 주는 도로 역할을 한다. 이 시냅스를 통해 정보가 교환되거나 이동하는 것이다.
공부 잘되는 머리를 만들기 위해 중요한 건 뇌세포의 많고 적음이 아니다. 뇌세포 사이의 시냅스가 얼마나 튼튼하고 두꺼우며, 미에린초가 얼마나 끈끈하게 연결되어 있느냐가 중요하다. 미에린초는 신경 전달 물질로 시냅스를 두껍게 만들어 준다. 시냅스가 튼튼할수록 암기력과 기억력이 좋아진다. 즉 공부 머리의 비결은 시냅스에 있다.
시냅스를 강화시키기 위해서는 우선 목표를 세워야 한다. 목표는 두뇌 그릇을 키워 보다 많은 양을 받아들일 수 있도록 한다. 또한 한순간 강하게 기억하기, 반복 떠올리기 등의 훈련을 해야 한다. 시냅스 강화 훈련을 통해 공부의 기본 요소인 집중력과 기억력을 향상시킬 수 있다.

5일 이야기를 듣다 보면 자꾸 딴생각이 나요!

"장원아? 장원아!"

"아, 선생님 왜요? 부르셨어요?"

"한참을 불렀어. 너 또 딴생각했구나. 오늘은 수업 전에 이 설문지를 풀어 보렴."

집중력 테스트

1. 남의 이야기를 듣는 도중 종종 딴생각을 한다. (   )
2. 주변에서 무슨 일이 일어나면 하던 일을 멈추고 구경한다. (   )
3. 시작한 일을 끝내지 못하고 금방 지겨워한다. (   )
4. 책상에 앉아 있을 때 화장실, 부엌 등을 여러 번 들락거린다. (   )
5. 정리정돈을 잘하지 못한다. (   )
6. 학용품을 자주 잃어버린다. (   )

7. 책 읽는 것을 싫어한다. (   )

8. '가만히 좀 있어라.'는 소리를 자주 듣는다. (   )

9. 무슨 일이든 잘했다, 못했다 하는 기복이 심하다. (   )

10. 지시를 잘 따르지 않으며 과제, 임무를 완수하지 못하는 경우가 있다. (   )

장원이는 아무리 책을 읽어도 읽고 나면 무슨 내용이었는지 잘 기억하지 못했다. 그럴 때면 엄마는 옆에서 그렇게 딴짓을 하니, 책 내용이 머릿속에 들어오겠냐며 혼을 냈다.

"장원이는 선생님이 이야기하는 중에도 종종 딴생각을 하는 것 같아. 잘 집중하지도 못하고."

"네."

"이 설문지만 봐도 그 사실을 잘 알려 주지? 동그라미가 4개 이상이면 문제가 있는 거야. 공부를 잘하기 위해서는 집중력이 아주 중요해. 집중 정도에 따라 이해력도 차이가 나. 처음에는 잘 모르겠어도 여러 번 집중해서 읽다 보면 이해하게 돼. 그만큼 공부에서 집중력은 엄청 중요하단다. 두뇌는 아주 신기한 능력들을 가지고 있어. '저절로 회복되는 능력'이 그중 하나란다."

"저절로 회복되는 능력이요?"

"까먹었다고 생각했는데, 필요한 순간에 그 정보가 떠오를 때가 있을 거야. 그것을 저절로 회복되는 능력이라고 해. 장원이가 열심히 집중해서 보거나 읽은 것은, 두뇌가 머릿속 어딘가에 저장해 뒀다가 알려 준단다."

"아! 저 그런 경험 있어요. 시험 보는데 문득 수업 시간에 들은 선생님 설명이 떠올라 답을 맞혔어요! 이런 걸 말하는 거죠?"

"응, 그렇단다. 집중할수록 이런 일은 더욱 자주 일어나. 자, 이제부터 신기한 집중력 훈련을 해볼까?"

장원이는 선생님이 시키는 대로 의자에 허리를 펴고 편안히 앉아 두 눈을 감았다.

"그 상태로 편안히 호흡하면서 네 머리 위에 작고 하얀 발이 있다고 생각해 보렴."

"발이요?"

"그래, 아기 발을 떠올리면 상상하기 쉬울 거야. 자, 이제 선생님이 시키는 대로 상상해 봐. 그 하얀 발이 네 머리 위를 왔다 갔다 한다. 차가운 발의 감촉이 느껴진다. 발이 이마 위로 내려오더니 어느새 콧등에 가 있다. 코가 간지럽다. 발이 갑자기 입으로 뛰어내려 목까지 미끄럼틀을 타듯 내려간다. 그리고 다시 가슴을 거쳐 허벅지 그리고 발까지 내려간다."

이윽고 눈을 뜬 장원이는 신기하고도 낯선 기분을 느꼈다. 처음에는 힘들었지만 계속하다 보니 재미있었다. 그리고 작은 발이 자신의 몸을 돌아다니는 걸 상상하는 사이, 마음이 차분해지며 집중력이 높아지는 것 같았다.

"어때? 온갖 잡생각으로 가득했던 머릿속이 맑아지는 느낌이지? 이것 말고도 네 몸이 물속에 서서히 들어간다고 생각해도 좋아."

"이렇게 상상하는 건 재미있지만 공부는 아무리 노력해도 재미가 없어서 집중이 안 돼요."

"응, 집중은 재미가 있을수록 잘 된단다. 하지만 모든 일에 재미를 느끼기 위해서는 집중해서 꾸준히 실천해야 해. 그런데 그렇게 되기까지가 힘들기 때문에 중간에 포기하고 마는 거야."

"선생님, 그러면 공부 잘하는 아이들은 공부가 재미없어도 집중을 잘하는 거네요."

"그 아이들은 재미없는 공부를 할 때도 본능적인 의지를 가지고 집중해. 그리고 무엇보다 자신이 현재 하고 있는 공부에만 집중해. 예를 들어 수학을 공부할 때는 수학에만 집중하는거지. 그러면 두뇌 속의 수학을 저장하는 방의 문이 열리면서 그 안에 정보들이 저장된단다. 여러 정보가 섞이지 않고 효율적으로 저장되다 보니 기억력도 좋아지는 거지."

선생님은 계속해서 말했다.

"장원이는 집중 시간이 길지 못하다 보니 점점 집중력이 떨어지고, 집중이 안 되다 보니 이해력이 떨어지는 것 같아. 선생님 말을 듣다 보면, 어느새 딴생각하고 있지?"

"네, 정말 그래요."

"그건 공부 의지가 약해서야. 집중력을 키우기 위해서는 공부를 하겠다는 의지부터 키워야 해. 그것이 집중력의 기본이야."

수업 총정리 ★ 5일

자신의 몸에 강하게 집중하는 훈련을 하라!

공부를 잘하기 위해서는 집중력을 길러야 한다. 강한 공부 의지를 바탕으로 머리끝부터 발끝까지 자신의 몸에 집중하는 간단한 훈련을 통해 집중력을 높일 수 있다.

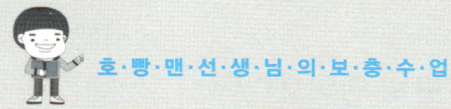 호·빵·맨·선·생·님·의·보·충·수·업

집중력은 정보의 저장 여부를 결정한다

아무 생각 없이 보고 들은 것들은 아무리 떠올리려고 해도 잘 기억나지 않는다. 두뇌의 능력은 무한한데, 눈이나 귀 등의 감각 기관을 통해 들어오는 정보들 중에서 필요하고 중요한 정보만을 걸러 저장해 두는 특징이 있다. 그런데 다른 생각을 하며 공부할 경우에는 정보의 중요도를 가려내지 못해 대부분의 정보가 자동으로 버려진다. 아무리 오랜 시간 공부해도 머리에 남는 것이 하나도 없는 것이다. 하지만 집중하여 글을 읽거나 외우면 두뇌는 이것을 필요한 정보로 인식하여 저장한다. 그만큼 저장 속도, 기억력, 회상 능력이 좋아진다. 집중력이 공부 효율을 좌우하는 것이다.

공부의 성과를 좌우하는 '저절로 회복되는 능력'

아무리 공부를 많이 했어도 시험 볼 때 그 내용을 떠올리지 못하면 아무 소용없다. 얼마나 많이 외웠느냐만큼 얼마나 잘 기억해 내느냐도 대단히 중요한 것이다. 이를 저절로 회복되는 능력(회상 능력)이라고 한다. 이는 집중력이 결정한다. 아무 의식 없이 본 것들은 잘 기억나지 않지만 유심히 쳐다본 것은 금방 떠오르는 것도 이 때문이다. 즉 얼마만큼 강하게 집중했느냐에 따라 회상 능력이 향상되는 것이다. 강하게 집중하기 위해서는 강한 의지가 동반되어야 함은 물론이다.

산만한 아이의 집중력 훈련법

스님들은 명상을 한다. 몇 시간씩 자신에게 집중하여 마음을 비워 궁극의 깨달음을 얻고자 한다. 명상은 자기 관찰이다. 자기를 관찰하면서 잡생각을 없애는 것이다. 자신의 몸을 머리부터 발끝까지 떠올리거나 물속에 서서히 들어가는 것을 상상하는 것도 자신의 신체에 집중하여 집중력을 높이는 방법을 응용한 것이다. 몸은 아이에게 자신과 가장 가까우면서도 때때로 낯선 존재이기 때문에, 산만한 아이도 쉽게 활용할 수 있다. 이밖에도 책상의 길이를 가늠해 보거나, 지나가는 자동차의 번호판 숫자를 맞춰 보는 등 아이의 흥미나 관심에 따라 주변 사물을 이용하여 재미있게 집중력을 향상시킬 수 있다.

머리에 눈코입이 달려 있어요!

지금까지 장원이는 집중력이 부족한 것을 자신의 머리탓으로 돌렸다. 집중이 안 될 때마다 "멍충이, 멍충이!" 하면서 자신의 머리를 때렸다. 그런데 선생님 수업을 듣다 보니 그게 아니었다. 무엇보다 공부를 하겠다는 의지가 없어서 집중력이 부족했음을 깨달았다. 집중하는 힘은 마음에서 나온다는 것도 알았다.

"오? 장원아, 무슨 생각을 그리 골똘히 하니?"

"아, 어제 선생님이 해주신 말씀을 되새기고 있어요."

"우리 장원이 의지가 아주 대단한 걸? 장원이를 위해 선생님이 집중력을 높이는 방법을 알려 줘야겠구나."

"정말요?"

"'아침형 인간', '저녁형 인간'이라는 말을 들어 본 적 있을 거야. 아침에 몸이 개운하고 집중이 잘 되면 아침형 인간, 반대로 저녁에 몸이 가뿐하고 집중이 잘 되면 저녁형 인간이라고 할 수 있어. 장원이는 어느 쪽에 속하는 것 같니?"

"아! 저는 저녁 시간에 집중이 잘 되는 것 같아요. 낮에는 숙제 하나 하는 데도 몇 시간씩 걸리는데 밤에는 머릿속에 쏙쏙 들어오거든요. 그래서 만날 늦게 잔다고, 미리미리 안 한다고 엄마한테 혼이 나요."

"장원이는 전형적인 저녁형 인간이구나. 사람마다 집중이 잘 되는 시간이 다르단다. 오랜 시간 공부했다고 공부를 많이 했다고 말할 수 없어. 집중이 잘될 때 하는 것이 짧은 시간 많은 양을 공부하게 되지. 장원이의 경우 낮에는 편히 쉬고 밤에 공부하는 게 더욱 효과적이겠구나."

장원이는 그동안 몰랐던 자신의 특성을 알게 되어 신이 나서 고개를 끄덕였다.

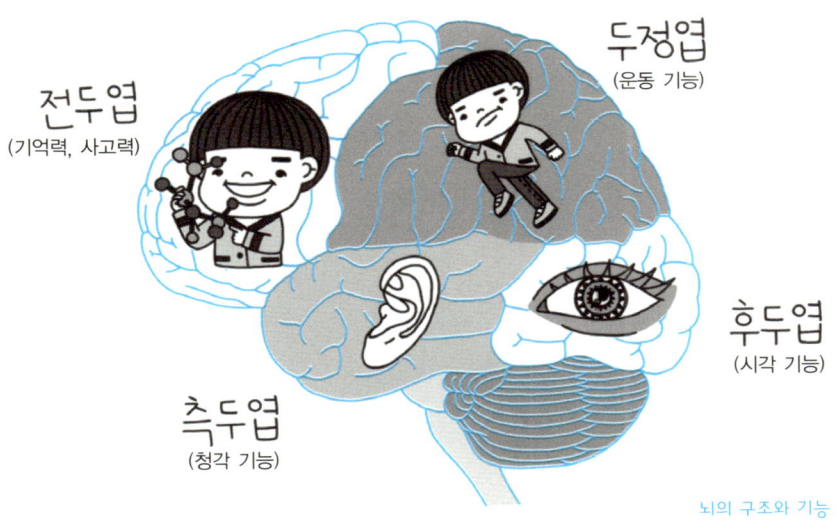

뇌의 구조와 기능

"그럼 본격적으로 집중력 훈련을 해볼까? 자, 그림(49쪽)을 봐보렴. 우리 뇌는 전두엽, 측두엽, 두정엽, 후두엽으로 이루어져 있어. 각 부분마다 그 역할이 달라. 각 부위와 역할을 알고 해당하는 부위에 집중해서 공부하면 아주 효과가 좋아."

"두뇌에 집중하라고요?"

"그래, 먼저 눈으로 가볼까? 우리가 사물을 보고 인지하는 곳은 눈이 아니라 '후두엽'이란다. 눈은 시각적인 정보를 받아들이는 도구에 불과하지. 수업 시간에 후두엽이 본다고 생각하고 칠판을 왼쪽 끝에서 오른쪽 끝까지 넓게 봐보렴. 먼저 책을 가지고 연습해 볼까?"

"끄응~, 뇌 뒤쪽의 후두엽이 책을 본다. 끄응~."

장원이가 오만상을 찡그리며 머리를 책에 들이댔다. 그 모습을 본 선생님이 웃으며 말했다.

"하하하, 처음에는 힘들 거야. 하지만 이 방법에 익숙해지면 후두엽이 깨어나면서 시야가 넓어지고 상이 뚜렷하게 보이는 게 느껴질 거야.

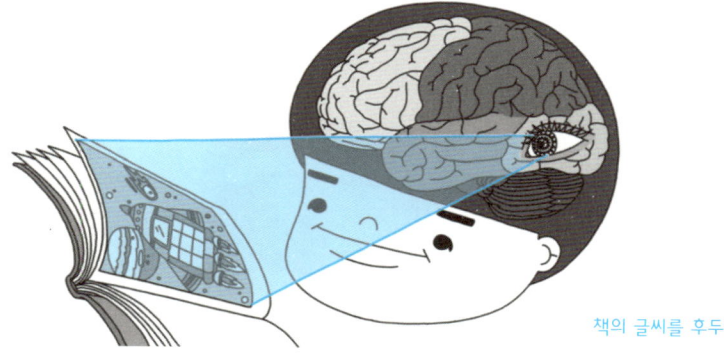

책의 글씨를 후두엽이 보는 모습

또 네가 찾는 내용이 앞으로 툭 튀어나오는 것처럼 보이기도 할 거야. 후두엽이 살아 있는 세포이자 '보는 뇌'이기 때문이지."

"이번에는 소리로 가볼까? 청각을 담당하는 것은 머리 양옆의 측두엽이란다. 소리가 양옆 머리로 빨려 들어가는 상상을 하면서 선생님의 설명을 듣는 거야. 측두엽은 기억 기관인 해마가 있는 곳이기 때문에, 측두엽에 집중해서 들으면 소리 정보가 더욱 잘 저장된단다."

"저도 해마 알아요. 백과사전에서 봤어요. 귀랑 비슷하게 생겨서 상상하기 쉬워요."

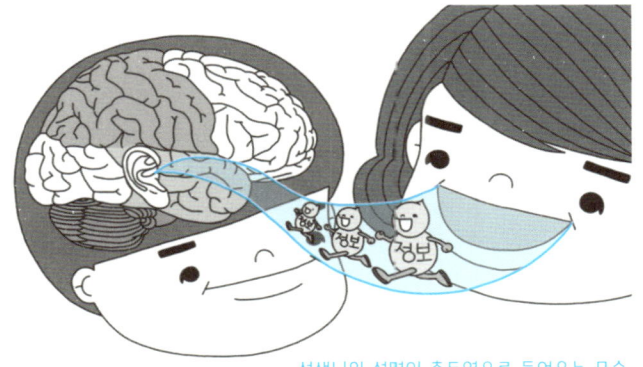

선생님의 설명이 측두엽으로 들어오는 모습

"장원이는 상상력이 풍부해서 잘 이해하는구나. 귀와 눈으로 받아들인 정보를 분석하고 사고하는 곳은 이마 부분의 전두엽이란다. 따라서 생각을 할 때는 이 부분에 집중하는 거야. 정보가 이마로 들어가는 상상을 하는 거지."

장원이는 머릿속에 눈코입이 모두 들어 있는 것만 같아 신기했다.

"자, 실전 연습을 해볼까? 후두엽에 집중해서 이 사진을 봐보렴. 이 동물을 영어로 뭐라고 하지?"

"타이거요."

"오~, 발음 좋은데? 타이거를 말하면서 그 어감을 반드시 측두엽으로 느껴야 해.

사진을 보면서 큰 소리로 읽으면 시각적, 청각적 정보가 동시에 두뇌에 보내져. 그리고 이 정보를 가진 뇌세포들의 연결망이 더욱 강해지지. 그래서 나중에 타이거라는 단어를 들으면 저절로 호랑이 모습을 떠올리게 된단다. 공부 방법을 추가로 알려 주자면, 영어 단어는 청각적 자극이 비슷한 것끼리 묶어서 외우면 좋아. 'tea, tennis, teach'처럼 비슷하게 시작하는 단어끼리 외우거나, 관련 사진이나 그림과 함께 익히면 다른 두뇌 부분을 동시에 자극해 집중력을 높여 줘."

🎓 수업 총정리 ★ 6일

작용하는 두뇌를 강하게 인식하며 공부하라!

두뇌는 크게 전두엽, 측두엽, 두정엽, 후두엽으로 나뉘며 각 부위마다 역할이 다르다. 각 부위의 역할을 인지해 집중하면 기억력이 향상된다.

호·빵·맨·선·생·님·의·보·충·수·업

새로운 정보를 장기 기억으로 전환시키는 법

오늘날 대부분의 과학자들은 모든 정보가 특정 부분에서만이 아니라 뇌의 전 부위에 걸쳐 처리되고 저장된다고 한다. 따라서 두뇌 각 부위에 고르게 집중하여 두뇌를 자극해야 한다. '시냅스'는 뇌세포와 뇌세포를 연결해 주는 부위다. 시냅스가 두꺼울수록 뇌세포의 연결이 보다 긴밀해진다. 두뇌를 자극하여 공부하는 것은 이러한 시냅스를 강화시켜 두뇌 효율을 높여 주고 두뇌를 발달시킨다. 공부 효율을 몇 배로 향상시켜 주는 것이다.

특히 두뇌 과학에서의 이해력은 '측두엽에서 청각적인 자극을 받아들여 소리를 정확하게 구별하고 언어의 흐름을 파악해 머릿속에 배열하는 능력'을 뜻한다. 즉 이해란 양옆의 두뇌(측두엽)이 소리 정보를 받아들여 처리하는 것이라 할 수 있다. 따라서 측두엽에 집중해서 정보를 받아들이면 두뇌 자극이 높아져 이해력을 높일 수 있는 것이다.

우리 두뇌에서 기억을 주관하는 곳은 어디일까? 바로 '해마'다. 해마는 양 측두엽에 하나씩 존재한다. 해마는 시각적, 청각적 정보들을 기억하는데, 장기 기억은 해마를 거쳐 저장된다. 즉 해마는 단기 기억을 장기 기억으로 바꿔 저장하는 곳이다. 두뇌에 강한 자극을 줄수록 정보들이 해마를 통해 장기 기억으로 보다 쉽게 전환된다.

밥 먹을 때도 공부 내용이 떠올라요!

　오늘은 장원이가 좋아하는 텔레비전 프로그램을 하는 날이다. '아, 수업아 빨리 끝나라.' 장원이는 선생님이 수업을 제발 빨리 끝내 주기를 기도했다.

　"장원아, 이제부터는 공부가 끝났다고 바로 책상을 뜨거나 곧바로 다른 공부를 하지 마."

　수업이 끝나자마자 달려 나갈 작정이었던 장원이는 어리둥절했다.

　"무슨 말이냐 하면, 공부한 후 3~4분 동안은 공부한 내용을 다시 떠올려 보라는 거야. 어떤 공부를 하든 마찬가지야. 이것을 '떠올리기'라고 하는데, 공부한 후에는 꼭 떠올리기 하는 습관을 들여야 해. 연습장에 쓰면서 떠올려도 좋아."

　"떠올리기요?"

　"그래, 떠올리기를 많이 하면 기억력이 좋아져. 떠올리기를 하지 않으면 절대 공부를 잘할 수 없어. 장원이는 기억력이 좀 약하니깐 꼭 연습해야 해. 알았지?"

"네."

'네.'라고 대답은 했지만 마음은 자꾸 텔레비전에 갔다. 선생님은 그림이 그려져 있는 종이 한 장을 장원이 앞에 내놓았다.

"자, 이것이 뭔 줄 아니?"

"우아, 뭐더라. 본 적 있는데……."

장원이는 어디에서 본 것 같은데 잘 생각이 나지 않았다.

"뇌세포야."

"아! 맞다. 알고 있었는데……."

시무룩해진 장원이를 보고 선생님이 말했다.

"괜찮아, 너한테는 아직 어려운 거니까 잘 기억하지 못하는 게 당연

시냅스 두께는 저마다 다르며 훈련을 통해 두껍게 할 수 있다.

해. 그림을 자세히 봐봐. 뇌세포에 여러 가지들이 뻗어 있지? 그리고 그 가지들이 다른 뇌세포와 연결되어 있고. 그런데 어떤 것은 소시지처럼 두꺼운데 어떤 것은 얇아."

"아, 정말 그러네요. 신기해요."

"이 가지들은 시냅스라고 한단다. 그런데 왜 시냅스의 굵기가 이렇게 다를까?"

"음, 그건요. 그러니깐……."

장원이는 아무리 생각해도 알 수가 없었다. 그리고 머릿속에 저런 것이 들어 있다고 생각하자 갑자기 머리가 간지러워졌다.

"어려운가 보구나. 예를 들어 볼까? 오늘 장원이가 수학 시간에 분수에 대해 배웠다고 해보자. 정보가 머릿속에 들어오면 뇌세포와 뇌세포 사이에 시냅스가 연결돼. 그림처럼 말이지."

"며칠 후 다시 분수에 대해서 공부하면 신경 전달 물질인 미에린초가

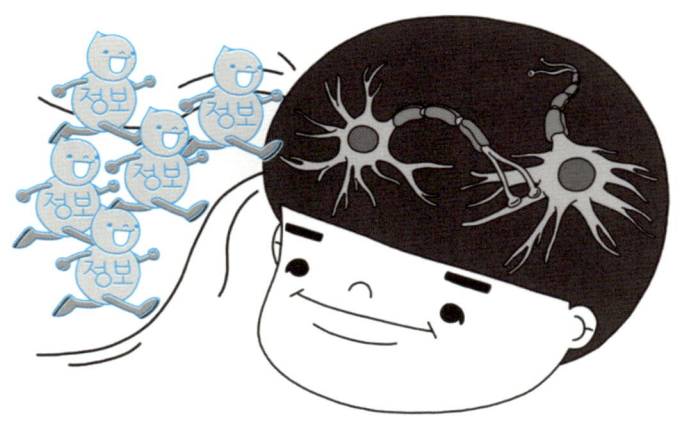

정보가 들어오면 뇌세포와 뇌세포 사이에 시냅스가 연결된다.

나와서 시냅스 가지를 더욱 두껍게 해. 그리고 또 다음 날 분수를 공부하면 더 두꺼워지지."

"그러니까 복습을 자주 할수록 시냅스가 두꺼워진다는 얘기네요."

"그렇지. 그래서 복습이 중요하다는 거야. 공부 내용에 대해서 자주 떠올리기를 하면 이렇게 소시지 모양처럼 두꺼워지거든. 그리고 시냅스가 두꺼울수록 정보를 더 오래 기억하게 돼. 그 대신 복습을 안 하면 시냅스의 연결이 금방 끊어지고 말아."

선생님의 말을 정리하면 떠올리기를 많이 해 시냅스가 소시지처럼 두꺼운 아이들이 공부 내용을 오래 기억한다는 것이다. 그리고 기억력이 좋아져 공부할 때만이 아니라 평소에도 공부 내용이 떠오른다고 했다. 쉬는 시간이든, 밥 먹는 시간이든 자신도 모르게 저절로 생각난다는 것이다.

선생님은 장원이도 공부 머리를 갖게 되면 이런 현상을 경험할 거라고 했다. 그러기 전까지 의도적으로 교과서와 수업 노트를 보면서 학습 내용을 자주 떠올리라고 했다.

장원이는 선생님이 주신 시냅스 사진을 뚫어져라 쳐다봤다. 수업 전에는 그토록 수업이 끝나기만을 기다렸는데, 선생님 설명을 듣고 나니 왠지 텔레비전이 보고 싶지 않았.

가만히 앉아 선생님이 강조했던 내용을 다시 한 번 떠올려 봤다. 시냅스 그림도 떠올려 보았다. 장원이는 두뇌 속의 시냅스 가지들이 소시지처럼 두꺼워지는 상상도 해보았다.

처음에는 머릿속에 이미지가 잘 그려지지 않았지만 두뇌 속에서 "그렇지. 장원아, 계속해 봐. 계속해 봐." 하는 소리가 들려오는 것 같았다.

 수업 총정리★7일

공부한 후 3분 동안 떠올리기를 하라!
떠올리기를 자주하면 두뇌 속의 시냅스가 두꺼워진다. 두꺼운 시냅스는 기억력을 높여 준다. 오늘 수업한 과목 중에서 새롭게 배운 내용이나 중요한 내용을 떠올려 보고, 기억나지 않는 것은 다시 확인한다.

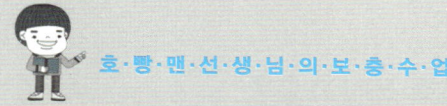 호·빵·맨·선·생·님·의·보·충·수·업

정보 교환과 저장이 빨라지는 3분 떠올리기

떠올리기를 자주하면 두뇌 속의 시냅스가 두꺼워진다. 시냅스가 두꺼울수록 기억이 오래 가며, 잘 떠오른다. 이것은 도로가 넓고 클수록 많은 차가 이동할 수 있는 것과 같은 이치다.

따라서 공부가 끝났다고 바로 자리에서 일어나지 말고 3분 정도의 짧은 시간 동안 공부한 것을 떠올려 보는 것이 좋다. 그리고 가능한 빠른 시일 내 다시 한 번 새롭게 알게 된 내용이나 중요한 내용은 복습하도록 한다.

떠올리기는 꼭 공부할 때만 하는 것이 아니라, 영화나 책을 보는 등 취미 생활을 즐길 때도 적극적으로 실천하면 좋다. 예를 들어 영호·〈해리 포터〉를 봤다면 주변 사람들에게 영화 줄거리를 얘기해 주는 식으로 일상생활 속에서 떠올리기를 실천하는 것이다. 이미 저장된 정보를 다시 끄집어내어 떠올린다는 것 자체에 의미가 있기 때문이다.

정보를 전달하는 도로 '시냅스'

뇌세포를 '뉴런'이라고도 한다. 그리고 뇌세포에서 나온 가지들을 시냅스라고 부른다. 우리 두뇌는 수많은 뇌세포와 신경 전달망인 시냅스로 구성되어 있다.

뇌에는 1,000억 개의 뇌세포가 있는데, 뇌세포는 1초에 2만 5,000여 가지의 일을 처리한다. 시냅스는 이러한 뇌세포에 연결되어 정보를 전달하는 역할을 한다. 좌뇌와 우뇌를 연결시켜 주는 뇌량처럼 뇌세포를 이어 주는 도로라고 할 수 있다. 이 시냅스를 통해 우리가 공부하는 내용들이 왔다 갔다 한다. 따라서 시냅스의 발달 정도에 따라 정보의 이동 속도와 양이 달라진다. 시냅스가 얼마나 튼튼하고 강하게 형성되어 있느냐가 정보의 처리, 저장 능력 등을 좌우하는 것이다.

수업 내용을 일기로 쓰라고요?

장원이는 머리를 흔들었다. 어제 수업 이후, 자꾸 소시지와 시냅스 모양이 머릿속을 떠다녔기 때문이다.

"여! 짱원아! 안녕?"

"안녕하세요? 선생님 그게 뭐예요?"

"아, 어제 시냅스 이야기를 좀 했더니 그 뒤 자꾸 소시지가 생각나면서 먹고 싶어지더라고. 그래서 선생님이 좀 사왔지~!"

"아하하하!"

선생님이 자기와 똑같은 생각을 한 게 너무 웃겨 장원이는 한참을 웃었다. 소시지 빵을 먹으면서 선생님이 말했다.

"이제부터 수업 일기를 쓰도록 할 거야."

"수업 일기요?"

"응, 학교에서 배운 내용을 집에 와서 써보는 거야. 복습도 되고 기억력도 높이고 글쓰기 실력도 키울 수 있는 아주 좋은 학습법이란다."

"그러니까 일기 쓰듯이 하면 되는 거죠?"

"그래. 하지만 일기처럼 오늘 있었던 일을 쓰는 게 아니라 배운 내용을 쓴다는 점이 달라."

"한번 해볼게요. 그런데 모든 과목을 다해요?"

"아니야. 오늘 배운 과목 중에 복습이 필요하다고 생각되는 과목 한두 개만 하면 돼. 쉬울 것 같지만 막상 해보면 잘 기억나지 않을 거야. 그래도 일단 생각나는 대로 적어 보렴."

선생님은 한번 오늘 과학 시간에 배운 내용을 노트에 적어 보라고 했다. 장원이는 수업 내용을 떠올려 보았다. 오늘 마침 좋아하는 과학 실험을 했다. 그런데 막상 적으려니 하나도 기억나지 않았다. 기억에 기억을 더듬어 나름 열심히 적었는데, 막상 일기를 보니 중요한 내용은 전부 빠져 있는 것 같았다. 그래도 선생님은 잘했다며 격려해 주었다.

 수업 일기

제목: 과학 실험

오늘은 실험을 했다. 소금을 물과 아세톤에 녹이는 실험이다. 소금을 헝겊에 싸서 물과 아세톤이 든 비커에 넣고 관찰했다. 소금은 물에 녹지만, 아세톤에는 안 녹았다.
그렇게 녹는 것을 뭐라 말씀하셨는데 생각이 안 난다. '용' 자로 시작하는 단어였는데……. 선생님이 중요하다고 꼭 기억하라고 했는데. 또 뭐가 있었지?

"오늘 배운 건데도 잘 기억나지 않지? 우리의 뇌는 정보를 받아들여 기억시키는데, 이러한 것들도 단기 기억으로 시간이 지나면 없어져. 내일이면 더 많이 까먹겠지? 그래서 오늘 배운 건 오늘 복습 일기를 써야 해. 그리고 일기를 쓰면서 생각나지 않은 부분은 교과서 등을 보고 채워 넣어야 해."

선생님은 장원이에게 수업 일기를 쓸 때 기억해 내지 못한 용어가 무엇이었는지 확인해 보라고 했다. 장원이는 교과서를 꺼내 살펴보았다.

"맞아, 이렇게 녹인 물을 '용해'라고 하셨어."

이렇게 말하며 자신의 머리를 긁적였다.

"장원아, 그렇게 확인한 내용은 다른 색으로 눈에 띄게 수업 일기장에 적어 놔. 그래야 나중에 수업 일기를 들여다볼 때 확인할 수 있잖아."

"네~~!"

장원이는 빨간색으로 용해라는 말을 적어 놓았다.

선생님은 이렇게 수업 일기를 쓰면 오늘 배웠던 내용을 다시 복습하는 효과가 있다고 했다. 수업 일기를 쓴 후 몰랐거나 생각나지 않은 부분은 반드시 찾아 적어 놓고, 새롭게 깨달은 내용도 첨가해 놓으라고 강조했다. 그리고 일기를 쓰고 나면 그 내용을 2~3분 동안 떠올려 보라고 했다. 장원이는 생각보다 시간도 얼마 안 걸리고 이 정도라면 매일 할 수 있을 것 같았다.

"그날그날 수업 일기를 쓰면서 전에 썼던 수업 일기도 계속 읽어 봐야 해."

"왜요?"

"그렇게 반복적으로 봐야 시냅스가 두꺼워지지."
"아, 그렇지."
"그렇게 계속 반복해서 보다 보면 저절로 외워지고 이전에는 알지 못했던 것을 새롭게 깨달을 수도 있어. 또 공부 내용의 흐름이 보이게 되지. 이는 다음 수업의 이해를 돕는단다."

일기는 모르는 것을 확인하기 위한 거야

장원이는 선생님의 설명을 떠올리며 며칠 동안 수업 일기를 적어 보았다. 설명을 들을 때는 쉽게 할 수 있을 줄 알았는데, 매일 하려니 힘이 들었다. 한동안 선생님이 수업 일기 이야기를 안 하는 걸 보니 잊은 것 같았다. 그렇게 생각하자 조금씩 꾀를 부리게 되었다.

며칠 후 선생님이 갑자기 장원이에게 물었다.

"시간이 좀 지났으니 수업 일기도 제법 썼겠구나. 어디 한번 볼까?"

"네? 아, 네."

장원이는 선생님이 갑자기 검사를 하겠다고 하니 긴장이 되었다.

"요즘 <우리들의 일그러진 영웅>을 배운 모양이구나. 나도 참 감동적으로 읽었는데."

선생님은 장원이의 노트를 한번 쭉 살펴보더니 이렇게 말했다. 선생님의 눈치를 살피던 장원이는 '휴~, 무사히 넘어가는 모양이네.' 하고 안도의 한숨을 내쉬었다. 바로 그때였다.

"장원아, 그런데 소설이 무엇이니?"

"소설이요? 그러니깐 주인공들이 나오고, 사건이 일어나고……."
"그럼 이 소설의 주인공이 누구지?"
"……! 아, 그게 엄……뭐더라?"
선생님의 질문이 계속되었다.
"이거 장원이가 쓴 수업 일기 맞지?"
"네."
"그런데 장원이가 쓴 건데 왜 하나도 기억 못하고, 그 뜻도 모르는 걸까? 선생님이 모르는 뜻은 찾아서 적어 놓고 계속 반복해서 보라고 했는데."
"하려고 했는데 잘 안 돼서……. 죄송해요."
"장원아, 나한테 죄송해할 필요 없어. 장원이의 꿈을 이루기 위해 공부하는 거라고 했는데, 이렇게 선생님이 시키는 것도 제대로 안 하는데 꿈을 이룰 수 있겠어? 이건 너 자신한테 미안해해야 할 일이란다."
장원이는 선생님의 이야기를 듣고 있으니 눈물이 났다. 일기를 썼다는 사실에만 만족하여 선생님의 충고는 무시한 채 놀기만 했던 시간들이 반성되었다.
"장원아, 왜 울고 그러니. 이제부터 열심히 하면 돼. 네가 무엇을 잘못했는지 깨닫는 것도 아주 중요해. 장원이는 자신의 잘못을 인정하고 받아들일 수 있는 좋은 자세를 지녔구나."
이렇게 말하면 선생님이 장원이의 머리를 쓰다듬어 주었다. 장원이는 호빵맨 선생님이 점점 더 좋아졌다. 다른 선생님들은 공부하라고만 하고, 하지 않으면 불같이 화를 냈다. 하지만 호빵맨 선생님은 절대 왜 그랬냐고 혼내거나 윽박지르지 않는다. 만화에서의 호빵맨처럼 항상 타이르듯 왜 이것을 해야 하는지 설명해 주고 용기를 북돋아 준다. 이러한 선생님의 태도가 오히려 더 열심히 해야겠다고 다짐하게 만들었다.

 수업 총정리★8일

수업 일기를 통해 떠올리기를 반복하라!

오늘 배운 과목 중 이해하기 어려웠던 부분이나 중요한 내용을 생각나는 대로 적어 본다. 모르는 용어나 개념들은 교과서 등을 참고하여 설명을 추가한다. 수업 일기에 빠진 내용은 없는지 확인해서 반드시 채워 넣는다. 다음 날 수업 일기를 쓰기 전에, 전날에 쓴 수업 일기를 다시 읽어 본다.

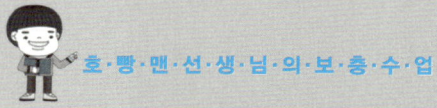

시냅스를 강화시키는 효과적인 떠올리기 훈련

일기와 수업 일기는 다르다. 일기는 그날 있었던 일 중에 인상 깊었던 일을 자신의 생각과 함께 쓰는 것이라면, 수업 일기는 자신이 그날 배운 것을 떠올려 정리해 놓는 것이다. 이를 습관화하면 회상 능력이 좋아진다. 그리고 자주 머릿속의 정보를 떠올림으로써 시냅스를 자극하여 시냅스가 점점 두꺼워진다. 그 결과 기억력이 좋아지게 된다.

또한 일기를 통해 수업 내용을 써보고, 모르거나 까먹은 부분을 채워 넣고, 다음 날 오늘 쓴 일기를 확인하는 과정 속에서 배운 내용을 체계적으로 정리하게 된다. 이를 통해 개별 내용이라 생각했던 내용들의 관련성, 전후 관계 등을 파악하게 되어 큰 줄거리를 잡게 된다.

수업 시간에 배운 정보를 떠올릴 때 저절로 선생님의 설명하는 모습, 교실 분위기 등까지 기억나기 때문에 우뇌와 좌뇌를 동시에 자극하는 효과가 있다.

그리고 일기를 통해 정보를 정리하고 다듬는 과정 속에서 글 실력도 좋아져 서술형, 논술형 문제에 효과적으로 대비할 수 있다.

듣고 그리고 찍어요!

　장원이는 매번 선생님이 내준 과제를 낑낑대며 했다. 선생님은 그런 장원이를 보고 이렇게 조언해 주었다.
　"네가 이걸 다 끝냈을 때 기분이 어때? 엄청 기분 좋고, 엄마가 숙제 했냐고 물어봐 주길 기다리게 되지? 그 기쁨을 생각하며 해보렴."
　그래도 아직 장원이는 숙제하는 것이 조금 벅차다.
　"장원아, 엄밀히 말해서 숙제는 공부가 아니란다."
　"네? 그럼요?"
　"숙제는 단순히 주어진 과제를 해내는 것뿐이잖니. 그건 공부가 아니란다."
　"그래도 문제를 풀거나 외우잖아요. 그게 공부 아닌가요?"
　"장원이는 왜 공부 머리를 가지고 싶어하지?"
　"그야 남들보다 금방 외우고 이해해서 1등 하려고요."
　"물론 공부 머리를 가지게 되면 그런 효과를 볼 수 있어. 그런데 중요한 건 공부 머리를 만들어 나가는 과정이야. 네가 공부 머리를 가지기 위해 노력하고 연습하는 사이 스스로 학습 목표를 세우고 이를 위한 계획을 짜서 실천할 수 있게 된단다."

"……!"

"누가 시키지 않아도 알아서 공부하고 목표를 이뤄 낼 수 있게 되는 거지. 진정한 공부는 바로 이런 걸 의미한단다. 하지만 숙제는 남이 시킨 것이니깐 과제일 뿐이지 공부는 아닌 거야."

"제가 알아서 척척 공부하게 된다고요? 우와, 신기해요. 앞으로는 숙제해 놓고 공부 다했다고 말하면 안 되겠네요. 앞으로 선생님과 수업하면서 제가 어떻게 변해 갈지 기대돼요."

"장원이는 역시 선생님이 말을 하면, 싫다고 투정 부리는 게 아니라 이를 긍정적으로 받아들일 줄 아는구나."

지금까지 매일 혼만 났는데, 호빵맨 선생님과 수업을 하면서 항상 칭찬을 받는다. 그래서 자신에게 이런 장점이 있었나 하고 매번 놀라게 된다. 또 칭찬을 받으니 더욱 노력해야지 하는 각오를 다지게 된다.

듣고 본 것을 이미지로 표현해 볼까

"오늘은 장원이의 기억력을 보다 높여 주기 위해 선생님이 비장의 훈련법을 준비해 왔단다. 흐흐~, 기대되지?"

이렇게 말하며 선생님은 클래식 음악을 틀었다.

"자, 오늘은 두뇌를 자극하여 똑똑한 공부 머리를 만들어 볼까 해."

선생님은 3가지 방법으로 두뇌의 시냅스를 튼튼하게 할 것이라고 했다. 그중 첫 번째 방법이 클래식을 듣고 그림으로 표현해 보는 것이었다.

"클래식을 주의 깊게 들으렴. 그리고 그 느낌을 이미지로 표현해 보는 거야. 소리라는 청각적인 자극을 그림이라는 시각적인 자극으로 바꾸어 주는 과정이 뇌세포를 자극해 시냅스의 연결이 튼튼해져."

선생님 설명을 들으니 "와~." 하는 감탄사가 나왔다. 하지만 음악의 느낌을 그림으로 표현하는 게 쉽지 않았다. 선생님은 생각을 자유롭게 그리는 게 중요하다고 했다. 선생님이 시키는 대로 눈을 감고 음악에 집중해 보았다.

"장원아! 장원아?"

선생님이 부르는 소리에 화들짝 놀라 눈을 떴다. 잔잔한 클래식 소리에 깜빡 잠이 들었나 보다. 장원이는 부끄러워 서둘러 입가에 묻은 침을 닦아 냈다.

"하하하, 졸리지? 처음에는 익숙하지 않기 때문에 졸릴 거야. 그래도 클래식은 일반 가요보다 음의 변화가 다양하고 다채롭기 때문에 계속 듣다 보면 새로운 매력을 발견하게 될 거야. 그러니깐 꼭 연습하도록 해. 알았지?"

"네? 네에~!"

두 번째 방법은 짧은 글을 소리 내어 읽고 머릿속에 떠오른 이미지를 말로 표현해 보는 것이었다.

"특히 이 방법은 영어를 공부할 때 더욱 좋단다. 읽고 해석만 하는 게 아니라 그 내용과 영어를 이미지로 기억하게 되거든."

선생님이 종이 한 장을 장원이 앞에 내밀었다.

〈원문〉

Who Wins?

A little rabbit got lost in a forest. He went around the forest to look for something to eat. It got darker and darker. The rabbit felt very tired. He fell asleep under a tree. A lion found the rabbit.

The lion said, "I will eat you right now. I'm very hungry."

A bear was passing by and said to the lion, "Don't touch that rabbit. It's mine! I found it before you." "Oh, no! I found it first. It's mine," the lion said.

They began to fight over the rabbit. At last, they became tired. Then a fox came by and said,

"Thanks, my good friends."

The smart fox laughed at them. Then he went away with the rabbit.

〈해석〉

작은 토끼가 산에서 길을 잃어버렸다. 토끼는 먹을 것을 찾으려고 산을 돌아다녔다. 어둑어둑해졌다. 토끼는 매우 피곤했다. 토끼는 나무 밑에서 잠이 들었다. 호랑이가 토끼를 찾았다.

호랑이가 말했다. "너를 잡아 먹을 거야. 난 매우 배가 고파."

곰이 지나가다가 호랑이에게 말했다.

"토끼를 만지지 마. 내 거야! 네가 찾기 전에 내가 찾았어."

"아니야! 내가 먼저 찾았어. 내 거야." 호랑이가 말했다.

그들은 토끼를 놓고 싸우기 시작했다. 나중에 그들은 지쳤다. 그리고 여우가 와서 말했다.

"고마워, 친구들아."

영리한 여우가 그들을 비웃었다. 그리고 여우는 토끼를 가지고 갔다.

장원이는 영어 문장을 읽었다. 공부를 싫어하는 장원이에게는 조금 어려운 문장이었지만, 내용은 대충 이해가 갔다.

"장원아, 이해가 가니?"

"아, 네. 토끼를 먹으려고 사자하고 곰이 싸웠는데 여우가 토끼를 먹어요."

"오~! 그래 맞아. 영어로도 한번 설명해 볼까? 영어는 영어로 사고할수록 실력이 늘거든."

"영……영어요?"

"겁먹지 않아도 돼. 그러면 더욱 좋다는 거야. 그럼 장원이가 이 이야기를 읽으면서 어떤 장면과 생각을 떠올렸는지 그려 볼까?"

장원이가 그린 그림을 보면서 선생님이 말했다.

영어 본문을 읽은 후 떠오른 이미지를 그린 그림

신기한 '공부 머리 수업'이 시작되다

"이렇게 한 편의 글을 소리 내어 읽고 그 상황을 하나의 이미지로 표현하는 것은 기억 세포를 자극시킨단다."

"소리랑 이미지가 두뇌를 자극하니까요?"

"오~! 장원이, 똑똑한데? 그래, 맞아. 우선 소리에 대해 설명하자면 눈으로만 읽는 건 별로 좋지 않아. 특히 중요한 내용을 이해하거나 기억해야 할 때 소리를 내어 읽으면 아주 좋아. 하지만 막상 소리 내어 읽으려고 하면 민망할 거야. 그때는 네가 선생님이 되었다고 생각하고 가상의 친구에게 공부한 내용을 설명해 보렴. 내용을 요약하거나 풀이 과정을 설명해 보는 거지. 이렇게 하면 소리로 뇌를 자극해 두뇌 시냅스가 어떻게 된다?"

"빵빵해져요!"

"옳지, 그래! 네가 말하고 또 그 소리를 듣게 되는 이중 효과가 있기 때문에 두뇌 자극에 아주 좋아. 말하기 연습도 되니까 발표력도 좋아지지. 그리고 정확하게 이해해야 올바른 그림을 그릴 수 있기 때문에 보다 집중해서 읽게 돼. 또 그림을 그리려면 내용을 계속 되새겨야 하니까 저절로 떠올리기 훈련도 되는 거지. 더욱이 뇌는 글자보다 이미지를 더 좋아하기 때문에 강한 자극을 받아. 소리로 자극받은 것을 떠올리기 훈련을 통해 이미지로 그려서 두뇌를 확실히 자극하는 거야! 어때?"

'찰칵' 머리 사진기로 찍어 봐

선생님이 알려 준 세 번째 방법은 짧은 시간 동안 사물을 보고 기억해

과학 5-1 1단원

서 그려 보거나, 설명해 보는 훈련이었다.

"이것은 사진을 찍는다는 의미로 '찍기' 훈련이라고 불러. 두뇌는 거대한 사진기와 같아. 두뇌는 순간적으로 본 여러 정보를 하나의 이미지로 찍어 저장하거든. 이 저장된 이미지를 떠올려 보는 훈련이 바로 찍기란다."

"찍기, 찍기……."

"연습해 볼까? 이 사진을 3초 동안 집중해서 보렴."

선생님은 장원이가 배우는 과학 교과서에 실린 사진을 보여 주었다.

선생님이 책을 덮고 나서 질문을 했다.

"학교 수업 때 배웠지? 본 기억이 날 거야. 이 그림이 무엇을 알아보는 건지 기억나니?"

장원이는 방금 보았던 그림을 머릿속에 떠올려 보았다. 전체 이미지

신기한 '공부 머리 수업'이 시작되다

가 보일 듯 말 듯 했다. 고개를 갸우뚱하며 말했다.

"그러니까, 거울을 보는 건데, 아, 그렇지! 거울을 통해 누가 보이는지 알아보는 실험이에요."

순간 장원이는 두뇌에서 가벼운 스파크가 일어나는 것을 느꼈다.

"오? 기억하고 있구나? 좀 더 정확히 얘기하면 거울에 누가 보이고 안 보이는지를 알아보는 실험이란다."

"그럼 먼저, 몇 명이 거울을 보고 있었지?"

장원이는 다섯 명인지 여섯 명인지 헷갈렸다. 다섯 명이라고 대답했다. 정답은 일곱 명이었다.

"그렇게나 많았어요?"

장원이는 깜짝 놀랐다. 선생님은 거울에 비치는 학생들은 몇 명이었냐고 물었다. 장원이는 유심히 본 것이라 자신 있게 "네 명이요!" 하고 외쳤다. 선생님은 웃으면서 그럼 어떤 위치에 있는 친구들이 거울에 보였는지 공통점을 말해 보라고 했다. 장원이는 그것까지는 미처 보지 못해 우물쭈물 대답을 망설였다.

"3초 보고 이 정도 기억하는 것도 대단한 거야. 자신감을 가져! 교과서에 실린 사진이나 그림들은 이해를 돕기 위한 목적도 있지만, 이 단원에서 꼭 알아야 할 것들을 알려 주기도 한단다. 이 거울 실험은 단원의 학습 목표인 입사각과 반사각의 원리를 너희들에게 재미있게 알려 주기 위한 거란다. 만약 이러한 학습 목표를 인지하고 있다면 사진을 볼 때, 거울에 보이는 사람들의 공통점을 찾으려고 했겠지? 그러니깐 교과서에 실린 사진, 그림들을 가지고 찍기 훈련을 하기 전에 그 단원의 학습 목표를 인지해 둬야 해. 그래야 그 점을 고려하여 사진을 살펴볼 수 있거든. 그러면 좀 더 많은 정보를 머리로 쯔어 담을 수 있어."

수업을 마친 후, 선생님은 3가지 방법을 매일 연습할 필요는 없지만, 이 중에 할 수 있는 것을 선택해서 꾸준히 연습하면 기억력이 좋아질 거라고 말했다.

수업 총정리★9일

듣고 읽고 찍어 이미지로 표현하라!

클래식을 듣고, 글을 소리 내어 읽은 후 그 느낌과 내용을 그림으로 그려 본다. 또 교과서에 실린 이미지들을 학습 목표에 유의하여 살펴본 후, 이를 이미지로 그려 보거나 설명해 본다. 두뇌 시냅스를 자극하여 기억력을 향상시킨다.

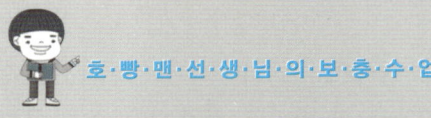
호·빵·맨·선·생·님·의·보·충·수·업

뇌의 활동 패턴과 일치하는 클래식

클래식을 집중해서 듣는 것만으로도 두뇌 능력이 향상된다는 것은 이미 널리 알려진 사실이다. 클래식은 복잡하고 반복적인 패턴으로 이루어진다. 그래서 클래식의 선율을 따라가다 보면 자연스럽게 두뇌가 발달된다. 또한 클래식의 화음과 멜로디, 리듬이 뇌 활동의 패턴과 일치하여 뇌를 골고루 발달시킨다.

특히 모차르트의 음악은 모차르트 이펙트(EFFECT, 효과)라는 이론이 있을 만큼 두뇌 계발에 많은 영향을 미치는 것으로 알려져 있다. 모차르트 음악의 특정한 구조가 뇌신경을 자극하여 기억력과 학습 능력을 현저히 높여 준다는 것이다. 헨델, 비발디, 베토벤, 요한 스트라우스의 음악 또한 두뇌 능력 향상에 좋은 영향을 끼친다.

이러한 클래식을 듣고 받은 느낌을 그림으로 표현해 보는 것은 두뇌 작용을 더욱 극대화시켜 기억력 증진에 큰 도움을 준다.

아이디어가 '번쩍' 빛나는 이유

우리는 평소에 아이디어가 번쩍 떠오른다는 이야기를 많이 한다. 이것은 상당이 과학적인 말이다.

말 그대로 두뇌 안에서는 전기적인 현상이 일어난다. 두뇌는 뇌세포의 전기적 신호 체계와 활동으로 작동하기 때문이다. 그야말로 두뇌가 번쩍번쩍하는 것이다.

두뇌에는 받아들인 정보를 전달하는 과정에서 전기 스파크가 일어난다. 이러한 전기 신호로 시냅스를 통해 뇌세포로 정보가 전달되는 것이다.

두뇌의 전기 스파크는 감정을 느끼거나 정보를 받아들일 때 등 모든 활동에서 일어난다. 이때 어떤 감정, 어떤 정보이냐에 따라 전기 스파크가 도움을 주기도 하고 해를 주기도 한다.

예를 들어 두뇌의 전기 스파크는 긍정적인 마음 상태에서 집중할수록 강하게 일어난다. 이때 두뇌에는 안정적인 전류가 흐른다. 이러한 스파크가 많을수록 기억은 더욱 견고해진다.

그러나 부정적이며 짜증스러운 상태에서 공부하면 전기가 합선되었을 때처럼 두뇌가 열을 받는다. 이때 스파크는 우리의 생각뿐만 아니라 몸에도 안 좋은 영향을 미친다.

부분을 보고 전체 모습을 상상해요!

선생님이 책상에 이상한 그림을 올려놓았다.
"이게 뭘까?"
"지도 같은데요? 함경북도인 걸 보니 우리나라 아니에요?"

우리나라 지도의 일부 모습

"응, 맞아. 오늘은 어제에 이어 장원이의 기억력을 높여 주는 훈련을 할 거야. 이 그림은 사회 교과서에 실린 지도의 일부분이야. 뭔가 이상하지? 너가 나머지 부분들을 그려 보렴. 팔도 지명도 적어야 한다~!"

"네? 아휴."

장원이는 선생님이 무언가를 해보라고 할 때마다 가슴이 철렁했다. 매번 처음 해보는 것들뿐이라 낯설고 어렵게 느껴졌기 때문이다. 이번에도 역시 자신이 없었다. 더군다나 8도 이름을 다 적으라니 눈앞이 캄캄했다. 장원이의 이런 마음을 알았는지 선생님이 이렇게 말했다.

"자, 한숨 쉬지 말고 사회 교과서에서 지도를 펼쳐 5초 동안 집중해서 보렴. 어제 찍기 훈련했지? 그것을 떠올려서 해봐. 8도 이름도 알아야 하니, 지명도 살펴봐야 해."

5초가 지나고 장원이는 지도 그림을 떠올리며 그려 보려 했지만 잘 되지 않았다.

"생각이 안 나는 모양이구나. 그러면 다시 3초 동안 보고 그려 봐. 그러다 또 막히면 이번엔 1초 동안 다시 쳐다보고 그려 보렴. 단, 기회는 2번뿐임을 명심해."

장원이는 총 3번의 기회를 모두 활용하여 지도를 완성했다. 그리고 교과서를 펼쳐 어느 부분이 잘못되었는지 확인하여 수정했다.

"이처럼 부분만 주어진 그림에 나머지 부분을 채워 넣는 훈련은 두뇌를 엄청 발달시켜. 지도는 이 훈련에 아주 적합하단다. 우리나라 지도에 익숙해지면 세계 지도에 도전해 봐. 세계 지도는 낯설기 때문에 많이 힘들 거야. 그만큼 두뇌 사용이 더 많아지지. 그림 수준에 따라 지도를 살펴보는 시간을 자유롭게 조절해도 돼. 이렇게 지도를 통해 연습을 하다 보면 나중에 중학교에 가서 지리 공부를 할 때 많은 도움이 될 거야."

선생님을 그밖에도 학교 가는 길, 방 안 모습, 창밖 풍경 등을 떠올려 그려 보거나 동네 지도, 앞으로 살고 싶은 집을 입체적으로 그려 보는 것도 좋다고 했다. 이러한 훈련들은 시냅스를 튼튼하게 하여 정보를 이미지로 기억하게 하고 공간 감각을 키워 준다는 것이다.

비틀고 털고 두드리고!

어제부터 장원이는 시냅스를 단련하여 기억력을 높여 주는 훈련을 하고 있다. 처음에는 이런 훈련들이 낯설고 힘들었지만 점점 재미있게 느껴졌다.

"지도를 뚫어져라 쳐다보느라 머리 아팠지? 이제는 몸을 살포시 풀어 볼까?"

"우와? 노는 거예요? 와~~!"

"아닌데~. 하하~! 몸을 풀자고 하니깐 논다고 생각했구나? 이제부터 알려 줄 것은 몸으로 시냅스를 두껍게 단련하는 방법이야."

장원이는 몸을 통해서도 기억력을 향상시킬 수 있다는 것을 처음 알았다. 그러면 축구를 많이 해도 기억력이 좋아지지 않을까? 몸으로 뭘 어떻게 한다는 것인지 무척이나 궁금했다.

선생님이 지금부터 알려 주는 것은 일명 '9고' 훈련법이라고 했다.

"장원아, 두뇌가 밖으로 흘러 나와서 생긴 것이 몸이란다."

선생님은 두뇌와 몸은 하나라고 했다. 그래서 두뇌가 건강하면 몸이 건강하고, 몸이 건강하면 두뇌가 건강하다는 것이다.

선생님이 말한 9고란 몸을 움직이는 방식을 줄여서 표현한 것이었다. 즉 몸을 마치 스트레칭하는 것처럼 '가볍게 늘이고, 당기고, 돌리고, 반동 주고, 틀어 주고, 두드리고, 중심 잡고, 털어 주고, 쓸어 주고' 하는 것이다. 선생님은 모두 9가지 동작으로 끝 글자가 '고'로 끝나 9고라고 이름 붙였다고 했다.

선생님은 자리에서 일어나 일일이 동작의 이름을 외쳐 가며 직접 시범을 보여 주었다.

"손발을 털고! 팔다리를 늘이고! 양손을 당기고! 목을 돌리고! 허리를 튕기고 짜고! 윽! 아고, 허리야!"

선생님의 동작을 지켜보고 있던 장원이가 놀라 외쳤다.

"선생님, 괜찮으세요?"

"응? 그럼! 이거, 부끄러운데? 자 다시 이어서 배를 두드리고! 한쪽 다리로 중심 잡고! 몸을 쓸고! 어때 할 수 있겠니?"

"운동이랑 마찬가지네요."

"그래. 몸과 두뇌는 하나니깐 몸을 움직이는 것도 두뇌를 움직이는 것과 똑같겠지? 이렇게 모든 신체 부위를 자극하면 기억 세포들이 아주 좋아한단다."

그러면서 선생님은 9고가 적혀 있는 종이 한 장을 내밀었다.

9고 훈련법

- 털고: 옷의 먼지를 털어 내듯이 손, 발을 턴다.
- 늘이고: 친구들이 팔과 다리를 잡아당긴다고 상상하며 팔과 다리를 쭉 늘인다.
- 당기고: 양손에 자기가 좋아하는 것이 있다고 생각하고 힘껏 자기 쪽으로 당긴다.
- 돌리고: 풍차 돌리듯이 목, 허리, 어깨를 돌린다.
- 반동 주고: 요요를 하듯이 허리와 옆구리를 튕긴다.
- 비틀고: 걸레 짜듯이 허리 근육을 비튼다.
- 두드리고: 북을 두드리듯이 가슴과 아랫배, 온몸을 두드린다.
- 중심 잡고: 한쪽 다리씩 번갈아 가며 중심을 잡는다.
- 쓸고: 얼굴을 쓰다듬듯이 정성을 다해 몸을 쓸어 낸다.

장원이는 9고란 말이 재미있어 몇 번을 소리 내어 읽어 보았다. 선생님이 시키는 대로 장원이도 9고를 천천히 하나씩 해보았다. 선생님은 9고를 할 때, 동작을 빠르게 하는 것보다 천천히 집중해서 움직이는 것이 중요하다고 했다.

"장원아, 시냅스를 튼튼하게 만드는 방법은 이것만이 아니야. 또 무엇이 있을까?"

"음, 글쎄요. 잘 모르겠어요."

"그건 바로 음식을 골고루 먹고 잘 자는 거야. 요즘 아이들은 야채는 싫어하고 패스트푸드만 선호하지? 그러면 필요한 영양분을 공급받지 못해서 몸이 허약해지고, 두뇌 활동도 느려지지. 무엇보다 충분한 수면은 건강에 아주 중요해."

"아! 몸과 두뇌는 하나니깐 잘 먹고 잘 자면 시냅스가 튼튼해지는 거군요?"

"응! 맞아. 외우고 풀고 하는 공부도 중요하지만 이것도 아주 중요하단다. 선생님 말 꼭 명심하렴."

여태까지 잘 자고 잘 먹어야 공부를 잘하게 된다는 선생님은 처음 보았다. 정말 신기한 선생님이다.

수업 총정리★10일

지도 완성하기 훈련을 하고 온몸의 근육을 풀어 줘라!

지도의 일부분을 보고 전체 이미지를 상상한다. 이후 전체 이미지를 본 후, 그림을 완성하는 훈련은 떠올리기와 연상 훈련의 효과를 동시에 볼 수 있다. 간단한 운동으로 온몸에 자극을 주는 것도 두뇌 계발에 좋다.

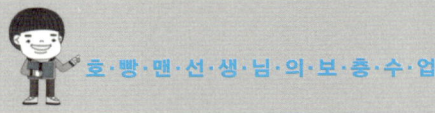
호·빵·맨·선·생·님·의·보·충·수·업

두뇌 자극을 극대화시키는 상상 훈련

좌뇌는 부분을 보는 것을 좋아하고, 우뇌는 전체를 보는 것을 좋아한다. 부분을 가지고 전체를 상상해 그려 보는 훈련은 부분과 전체를 동시에 생각함으로써 좌뇌와 우뇌의 능력을 골고루 높여 준다. 부분은 전체 속에 하나이며 부분이 모여서 전체가 된다는 인식도 깨닫게 한다.

두뇌 비타민 '9고'

9고는 몸의 각 부분에 자극을 준다. 그리하여 오랜 시간 책상에 앉아 있어 막혀 있던 흐름을 원활하게 만들어 준다. 또한 몸속의 세포 반응 현상이 일어나 세포가 맑아지며 머리가 편안해지고 혈색이 좋아진다.

9고를 습관화하면 세포의 활동을 활성화시켜 시냅스의 연결을 돕는다. 두뇌가 말랑말랑해지면서 시냅스가 튼튼해져 자연히 학습 효율이 오르는 것이다. 특히 공부하기 5분 전에 하면 더욱 효과적이다.

3장

'머리가 좋아하는 공부법'을 배우다
두뇌의 특징을 활용해 공부 효율을 극대화시키는 공부법

11일 거짓말 총출동! 두뇌를 속여라!
보충 수업 생각이 시냅스를 살리고 죽인다

12일 이 많은 공부를 다 해야 하나요?
보충 수업 매일 해야 하는 공부와 플러스 공부를 구분해야 하는 이유

13일 노트 검사를 받아요!
보충 수업 좌뇌와 우뇌의 특성에 맞춘 노트 정리법의 효과 /
자기만의 노트 정리법을 고안하라

14일 아뵤~! 교과서의 달인 등극!
보충 수업 전체 흐름을 파악하는 교과서 읽기 /
왜 다른 사람의 성공담을 읽어야 할까?

15일 교과서의 숨은 약도를 찾아요!
보충 수업 빠르고 편리하게 핵심만 예습하는 법

16일 수업 중 메모하는 법을 배워요!
보충 수업 손과 두뇌 발달의 관계 /
위인 300명의 공통점

공부 잘되는 머리를 위해 필요한 기본 요소인 집중력과 기억력을 갖추었다면, 이제는 공부법을 익혀야 한다.

두뇌는 저마다 하는 역할이 다르다. 각 두뇌 부위의 특성을 알고 이를 이용하면 두뇌의 능력을 보다 증진시킬 수 있다. 이 장에서 알려 주는 공부법들은 두뇌의 역할과 기능을 활용한 방법들로, 다소 생소하고 우스꽝스럽게 느껴질 수도 있다. 하지만 두뇌 능력을 극대화시켜 정보의 수용과 처리 능력을 활성화시키는 만큼, 반복 연습해야 한다.

거짓말 총출동! 두뇌를 속여라!

"안녕, 장원? 표정이 안 좋네. 무슨 일 있었니?"
"저기 그게 내일 수업 시간에 발표를 해야 하는데. 보나마나 실수를 할 텐데 그게 너무 걱정이 돼서요."
"장원아, 그게 무슨 말이니? 해보지도 않고 실수할 거라고 생각하는 거야?"
"저는 원래 말을 잘 못해서요. 모두에게 웃음을 살 게 분명해요."
"장원이의 가장 큰 적은 마음속에 있구나."라고 말한 후, 선생님은 무슨 일이든 긍정적으로 생각하는 게 중요하다고 말했다. 아무리 잘하는 일도 자신이 못할 거라고 생각하면 실패하게 된다는 것이다. 반대로 비록 잘하지는 못하지만 할 수 있다고 믿으면 자신은 몰랐던 능력이 나와 성공하게 된다고 말했다.
"오늘은 장원이를 위해 긍정적으로 생각하는 훈련을 해야겠구나."
"어떻게요?"

"바로 소리와 상상을 이용해서 부정적인 생각을 없앨 거란다."

"소리와 상상만으로 생각을 바꿀 수 있나요?"

"장원아 혹시 이런 경험 없니? 아, 저거 하기 싫다고 말한 순간 점점 더 하기 싫어졌던 경험 말이야."

"아! 있어요. 며칠 전에 엄마가 당근을 다 먹을 때까지 자리에서 일어나지 말라고 한 적이 있어요. 그때 엄마한테 당근 먹기 싫다고 외쳤는데, 외칠 때마다 점점 더 먹기 싫어지더라고요."

"응, 맞아. 말에는 신비한 요정이 살고 있어. 그래서 생각이 말로 내뱉어진 순간, 진짜 현실로 이루어진단다. 왜 말이 씨가 된다는 속담도 있잖아."

"아, 저도 들어 봤어요."

"음, 이를 반대로 '사랑합니다.'를 100번 말하면 어떻게 될까?"

"사랑하는 마음이 생기나요?"

"그래, 맞아! 그럼 장원이가 '나는 발표를 잘할 것이다.' '나는 할 수 있다.'고 계속 되뇌면 정말 잘할 수 있을 것 같은 기분이 들겠지? 이것은 '마인드 컨트롤', 즉 마음을 조절하는 방법 중에 하나인데 평상시 중압감을 많이 느끼는 운동선수들이 주로 사용해. 자, 한번 해보렴. 나는 '내일 발표를 잘한다, 잘한다.' 자, 어서~!"

장원이는 마지못해 선생님을 따라 "발표를 잘한다."고 외쳤다. 큰 소리로 외치는 사이 점점 신이 나서 선생님과 함께 박자까지 넣으며 노래를 불렀다.

"하하하! 선생님 정말 내일 발표를 잘할 것만 같아요."

"그렇지? 장원이가 공부하기 싫거나 풀기 어려운 문제들을 만날 때도 소리 내서 외쳐 보렴. '나는 공부가 즐겁다!' '나는 문제를 풀 수 있다!'고 말이야. 그렇게 외치는 사이 진짜 그렇게 될 거야."

"네!" 하고 장원이는 기분이 좋아져서 크게 외쳤다. 선생님도 그런 장원이를 보고 웃음을 지으며 이번에는 상상을 하면서 외쳐 보라고 했다.

"장원아, 선생님이 말하는 것을 머릿속에 그리며 따라해 봐."

선생님은 구체적으로 상상하라고 하며 "나는 공부가 싫다."를 계속 말해 보라고 했다. 장원이는 주저하다가 입 밖으로 소리 내어 말하기 시작했다.

"나는 공부가 싫다. 나는 공부가 싫다. 나는 공부가 싫다."

"그래, 계속 외치면서 공부하기 싫어서 억지로 책상에 앉아 이리저리 딴짓하는 모습을 상상해 봐. 하기 싫어 죽겠는 거야."

장원이는 선생님이 시키는 대로, 평소 자기가 공부하기 싫을 때 자주 하는 행동을 떠올리며 "나는 공부가 싫다."고 외쳤다.

"자, 이제 그만. 기분이 어때?"

"아까까지만 해도 기분이 너무 좋고 뭐든지 잘할 수 있을 것 같았는데, 이제는 공부가 너무 싫어요. 하기 싫어서 억지로 책상에 앉아 있는 모습을 생각하니깐 예전에 느꼈던 감정까지 떠올라서 더 싫어졌어요."

"그냥 외치는 것보다 이렇게 상상하며 외치면 그 효과는 엄청나. 사실 우리 두뇌는 아주 똑똑한 것 같지만 멍청해."

"네? 멍청하다고요?"

"그래, 우리 두뇌는 상상과 현실을 구별하지 못하거든. 상상이 깊어지면 그것을 현실이라고 판단해. 그래서 계속 상상하며 외치다 보면 그것이 진짜인 것처럼 착각하고 말아."

"아, 그래서 상상하며 외칠 때 더 생생하게 느껴지는 거군요?"

"응, 맞아! 그런데 주의할 점이 있어. 시간이 날 때마다 네가 바라는 모습을 상상하며 외치는 거야. 한두 번 했다고 뇌가 착각하지는 않거든. 완벽하게 속이기 위해서는 수만 번 이상은 외쳐야 한단다."

장원이는 알면 알수록 두뇌가 너무 신기하다는 생각이 들었다. 두뇌는 똑똑한 것 같지만 멍청(?)하다. 두뇌를 속인다고 생각하니 너무 신이 났다.

 수업 총정리★11일

긍정적으로 생각하고 외쳐라!

긍정적인 상상을 하며 수백만 번 외친다. 상상을 하다 보면 어느새 뇌가 진짜라고 믿어 이루어지게 된다.

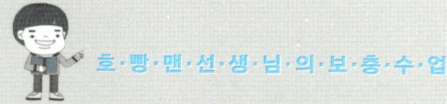

생각이 시냅스를 살리고 죽인다

인간의 두뇌는 자신감이 넘쳐날 때 두뇌 회로인 시냅스가 더욱 단단해지면서 활력이 생긴다. 이와 반대로 부정적인 감정이 오래 지속되면 인체에 유해한 호르몬이 분비되어 질병에 걸릴 확률이 높아진다.

어떤 학생이 시험을 보고 와서 이렇게 얘기했다.

"친구들이 저는 절대 공부를 잘할 수 없대요."

이 학생 역시 기적이 일어나지 않는 한 자기는 공부를 잘할 수 없다고 믿었다. 이러한 믿음은 두뇌의 신경 전달 물질의 화학적 구성을 변화시켜 신경세포 가지를 위축시킨다. 또한 고혈압, 심장병, 정신병 등을 유발하는 스테로이드 호르몬, 부신 아드레날린 호르몬의 증가를 가져와 긍정적인 사람에 비해 질병에 걸릴 위험성이 높아진다.

실망하거나 고민하는 것은 시냅스에 상처를 주고 생명을 빼앗는 일이다. 실패했어도 이로 인한 좌절감을 빨리 극복하고 다시 도전해야 시냅스를 살릴 수 있다. 포기만 하지 않으면 반드시 목표를 이룰 수 있다.

이 많은 공부를 다 해야 하나요?

"이제 장원이 일일 공부 계획표도 잘 세우는구나. 그럼 조금 더 나아가 주간 계획표를 만들어 보자."

"네? 주간 계획표요?"

이제 그나마 일일 공부 계획표에 익숙해졌는데 주간 계획표를 만들자고 하자 장원이는 한숨이 절로 나왔다.

"주간 계획표를 세우면 보다 계획적이고 알차게 공부할 수 있어. 일일 계획은 그날그날 주어지는 과제나 기분에 따라 공부 내용이 바뀔 수도 있기 때문에 반드시 해야 하거나 중요한 공부를 빼먹을 수도 있거든."

이렇게 말하며 선생님이 주간 계획표를 보여 주었다. 지금까지 장원이가 사용하던 '공부 그릇이 커지는 카드'와는 완전히 달라 보였다. 할 수 있을지 벌써부터 겁이 났다. 하지만 어제 배운 자신감 있는 두뇌를 떠올리며 두려움을 떨쳐 내기 위해 고개를 세차게 흔들었다.

3월 1주 주간 계획표

	과목	월3/1	화3/2	수3/3	목3/4	금3/5	토3/6
매일 공부	영어	〈who's santa〉 보기	학원 숙제 듣기 평가 3회	학원 숙제 듣기 평가 3회	학원 숙제 듣기 평가 3회	단어장 12쪽	〈레미제라블〉 보기
	수학	workbook2 2장	문제집 3장	문제집 3장	문제집 3장	workbook2 2장	문제집 3장
	독서	『죄와 벌』 30~70쪽	『죄와 벌』 71~100쪽	『죄와 벌』 101~140쪽	『죄와 벌』 141~끝	『해저 2만리』 처음~50쪽	『해저 2만리』 51~80쪽
	과학	학습지 2쪽	학습지 2쪽	학습지 2쪽	학습지 2쪽	학습지 2쪽	학습지 2쪽
플러스 공부	국어/과학/음악/사회	읽기 첫째마당 복습	1단원 복습 (과학)	피아노 5회 연습 (음악)	1단원 복습 (사회)	공부법	피아노 5회 연습 (음악)
	한자	자습책 1쪽 쓰고 외우기		자습책 1쪽 쓰고 외우기		자습책 1쪽 쓰고 외우기	
		운동장 2회 달리기					

"갑자기 주간 계획표를 세우라고 하니깐 막막할 거야. 공부량도 너무 많은 것 같고, 하지만 네가 보다 짜임새 있게 공부하기 위해서는 반드시 필요하단다."

"선생님, 그런데 저 플러스 공부는 뭐예요?"

"눈썰미가 있구나. 이제부터 설명할 거야. 계획표를 세우기에 앞서 매일 해야 하는 공부와 그렇지 않아도 되는 공부를 구별해야 해. 매일 해야 하는 공부는 무엇일까?"

"숙제요."

"숙제는 먼저 해야 하는 활동이지 공부가 아니잖아. 장원이는 무슨 과목이 가장 싫어?"

"영어랑 국어요."

"수학이나 과학은 좋아?"

"네, 다른 친구들은 수학, 과학을 싫어하는데, 저는 잘 못해도 싫거나 하진 않아요."

"그럼 영어와 국어는 매일 한 쪽씩이라도 공부해야겠구나."

"네? 왜요~~~~! 차라리 다른 과목을 할게요."

"싫어하는 과목일수록 더 많이 해야 해. 네가 좋아하는 과목은 시키지 않아도 필요하면 하겠지만, 싫어하는 과목은 그렇지 않거든. 그만큼 소홀해지기 쉽다는 거야. 그러다 보니 성적은 점점 더 떨어지고, 성적이 안 좋으니 당연히 더 싫어지지. 매일 조금씩이라도 공부해 두면, 성적도 오르고 조금씩 좋아지게 될 거야. 그리고 수학은 매일 하는 게 좋아. 수학적 감각을 계속 유지할 수 있거든. 한번에 많은 양을 하는 것보다 적은 양을 매일 하는 게 제일 좋은 공부법이란다."

장원이는 선생님한테 당한 기분이 들었지만, 알겠다고 대답했다. 그리고 선생님은 또 어떤 공부를 매일 해야 할까 하고 물었다. 점점 공부량이 많아지는 것 같아 입을 다물고 있는 장원이를 향해 선생님이 말했다.

"학교에서 매일 수업을 듣잖아. 그것도 복습해야겠지? 모든 과목을 복습하라는 것은 아니야. 주요 과목이나 어려운 과목 정도만 복습해도 괜찮아."

선생님은 또 없냐고 물었다. 장원이는 이 정도면 됐다고 생각했는데 선생님의 생각은 달랐다.

"장원아, 이 많은 걸 언제 하나 싶지? 하루 종일 공부하라는 건가 말이야. 하지만 생각해 보렴. 수학은 하루에 5문제씩 풀고, 영어는 하루에 10단어씩 외우고, 국어는 하루에 1장씩 읽기만 해도 돼. 복습도 네가 그날 배운 것을 다시 보는 것이기 때문에 길어 봐야 20분밖에 걸리지 않아. 무조건 오랜 시간 공부해야 하는 건 아니야. 매일 조금씩 네가 할 수 있는 만큼만 하면 돼. 이렇게 생각하면 좀 마음이 편해지지 않니?"

선생님의 설명을 듣고 보니 해보지도 않고 겁을 먹은 것 같아, 자신이 부끄러워졌다.

"그리고 공부보다 중요한 게 있어. 그게 무엇인지 아니?"

"그런 게 있어요? 뭐예요?"

"그건 바로 독서란다. 독서는 모든 공부의 바탕이 돼. 장원이 방에는 책도 많으니깐, 하루에 몇 쪽씩이라도 읽도록 해. 매일 꾸준히 책을 읽다 보면 이해력과 어휘력 등이 좋아져 공부할 때 조금씩 수월해지는 것을 느끼게 될 거야."

선생님은 '싫어하는 과목, 수학, 그날 배운 수업, 독서'는 매일 해야 하는 공부라고 했다. 그리고 플러스 공부는 숙제를 포함해서 '한자 쓰기, 줄넘기' 등 그날그날 추가로 생기는 것들을 적으면 된다고 덧붙였다. 설명을 끝낸 후 같이 주간 계획표를 짜보자고 했지만, 장원이는 혼자 해보겠다고 말했다. 선생님은 그런 장원이를 보며 미소 지었다.
 선생님은 주간 계획표를 세울 때의 주의사항에 대해서 알려 줬다.
 "두뇌는 계획을 세울 때 싫어하는 게 있어? 뭔지 알겠니?"
 "글쎄요. 계획을 세우면 공부 그릇이 커지니깐 좋아하지 않아요?"
 "응, 그렇긴 하지만 두뇌는 무리한 계획을 세우는 것을 싫어해. 계획이 지켜지지 못할 확률이 크거든. 또 자신의 능력을 믿지 못하는 것도 싫어해. 그래서 주간 계획표를 세울 때는 자신의 머리를 믿는 것이 중요해. 계획한 범위 내에서 최대한의 능력을 발휘하겠다고 생각하는 거지."
 이후 선생님은 공부도 편식하지 않는 게 중요하다며, 골고루 공부할 수 있도록 계획표를 세우라고 했다.
 선생님이 가고 난 후, 혼자 주간 계획표를 세우기 시작한 장원이는 머리에서 김이 나는 것 같았다. 하지만 선생님이 들려 준 이야기를 떠올리며 열심히 주간 공부 계획을 세워 보았다.

🎓 수업 총정리 ★ 12일

주간 공부 계획표를 세워라!

자신의 특성과 수준을 고려하여 매일 해야 하는 공부와 추가로 해야 하는 공부를 정한다. 전체 공부 일정을 고려해서 일일 계획표를 세우고 실천해 나가는 과정을 통해 시냅스가 활성화된다.

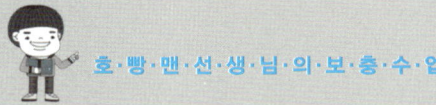
호·빵·맨·선·생·님·의·보·충·수·업

매일 해야 하는 공부와 플러스 공부를 구분해야 하는 이유

우리 두뇌는 어떤 일을 할 때, 나누고 분석하고 구분하는 것을 좋아한다. 공부도 마찬가지다. 공부해야 하는 과목도 많고 과목마다 특성이 다르기 때문이다.

쉽게 정복하기 힘든 영어와 수학은 매일 해야 하고, 상대적으로 수월한 사회와 과학은 2~3일에 한 번씩 공부하는 게 좋다. 하지만 사람마다 이해력과 학업 수준이 다르기 때문에 이를 고려해 매일 공부하는 과목을 조정하도록 한다.

초등학교 때는 중·고등학교에 비해 상대적으로 학습량이 적고 자유 시간이 많기 때문에, 독서와 한자 공부에 많은 시간을 투자해 놓는 것이 좋다. 독서와 한자 공부는 많은 시간이 걸릴 뿐 아니라, 이를 통해 이해력, 어휘력, 배경 지식을 습득해 놓으면 학업이 어려워지고 많아지는 중·고등 수업에 큰 도움이 되기 때문이다.

그리고 두뇌는 전체를 한눈에 보는 것을 좋아한다. 그래야 체계와 순서가 뚜렷히 잡히기 때문이다. 주간 계획표는 그런 면에서 효율적인 학습 두뇌 사용에 큰 역할을 한다. 일주일 동안의 계획과 실행 여부 등이 한눈에 점검되기 때문에 보다 치밀하고 효과적인 공부를 할 수 있다. 또한 월간 학습 계획 등 장기적인 계획을 세우는 데도 도움이 된다.

이렇게 계획을 세워 공부하다 보면 자연히 두뇌가 활성화된다. 자신의 특성을 파악하여 해야 하는 공부와 양을 정하고, 전체적인 공부 스케줄을 관리하며 이를 실천한다. 이 모든 일련의 활동들은 시냅스를 강화시키며 가지 수를 늘린다.

 ## 노트 검사를 받아요!

"장원아, 안녕? 오늘 기분이 좋아 보이네?"

"헤헤, 아니에요."

사실 장원이는 요즘 기분이 좋다. 최근 부모님과 학교 선생님에게 "장원이가 요즘 몰라보게 좋아졌네." 하는 칭찬을 듣는 일이 많아졌다. 장원이 역시 호빵맨 선생님과 수업을 하면서 조금씩 달라져 가는 자신을 느끼며 놀라워하고 있다. 그렇게 싫어했던 공부도 점점 재미있어지고, 수업 태도도 좋아진 것이다. 앞으로 호빵맨 선생님과 함께하며 얼마나 더 발전할지 벌써부터 기대된다.

"자식, 어제 주간 계획표는 잘 세웠니? 어디 좀 볼까?"

주간 계획표를 살펴본 선생님은 일일 공부 계획표를 썼을 때처럼 하루하루 계획을 구체적으로 세우면 된다고 조언했다. 단 일주일 동안 해내야 하는 분량이 있으면 그것이 꼭 지켜질 수 있도록 적절히 배분해야 한다고 주의를 줬다. 예를 들어 이번 주에 영어 단어를 30개 외워야 한다면 하루에 5개씩 6일 동안 외우도록 계획을 세우는 식이다. 그러면서 처음치고 잘했다면서 칭찬해 주었다. 오늘도 칭찬을 받은 장원이는 기분이 너무 좋아 하늘 위로 몸이 두둥실 떠오를 것만 같았다.

"장원아 교과서와 노트를 좀 볼 수 있을까?"

"네? 아, 네."

선생님은 장원이의 교과서, 노트, 주간 계획표를 유심히 살폈다.

"장원이 집중력이 많이 좋아졌구나?"

"네? 그걸 어떻게 아세요?."

"선생님이 교과서나 노트를 보자고 한 것은, 이것을 통해 네가 수업 시간에 얼마나 집중하는지 알 수 있기 때문이야. 봐봐, 전에는 온통 낙서투성이지? 그런데 이제는 제법 밑줄도 쳐져 있고 선생님 설명도 적혀 있고. 이야~, 많이 좋아졌구나."

처음 만난 날 선생님이 자신의 교과서와 노트를 살피던 게 떠올랐다. 그때는 이상하다고 생각했는데 이것을 확인한 거였구나 하고 깨달았다.

"장원이가 슬슬 공부에 필요한 능력들을 갖추고 있으니 이제는 본격적으로 공부를 잘할 수 있는 방법을 가르쳐 줘야겠네."

"정말요? 그런 방법이 있어요?"

"물론이지, 특히 장원이에게 꼭 필요한 거야. 이제까지 장원이는 노트 정리라는 걸 해본 적이 없을 거야. 그래서 수업 시간에 배운 것을 정리하려고 해도 생각처럼 쉽지 않았을 거야. 열심히 수업을 들었지만, 필기 내용이 뒤죽박죽인 것을 보면 그것을 알 수 있지."

선생님은 노트를 정리하거나 필기할 때도 방법이 있다고 했다. 그리고 이것을 한번 배워 놓으면 공부 시간도 단축될 수 있다고 덧붙였다.

"대부분의 친구들이 쓰기를 싫어하고 노트 정리는 더더욱 싫어하지. 장원이만의 문제가 아니란다. 이제부터 선생님과 연습하면서 노트 정리를 잘할 수 있도록 해보자꾸나. 그러면 적은 시간을 공부하고도 친구들을 앞지를 수 있겠지?"

"와~! 빨리 가르쳐 주세요. 만날 꼴찌라고 친구들이 놀리는데, 얼른 연습해서 친구들한테 자랑할래요! 게다가 공부 시간을 줄여 주니 놀 시간도 늘어나잖아요! 너무 좋아요!"

선생님은 자못 비장한 표정을 지으며 노트 비결법을 적은 종이를 보여 주었다. 장원이도 심각한 표정으로 종이를 들여다보았다. 그런 서로의 모습이 너무 웃겨 한동안 "깔깔깔" 웃었다.

노트 정리, 이것만 알면 끝!

1) 교과서 차례 순서에 따라 노트를 정리한다

교과서에는 제일 큰 목차, 중간 목차, 작은 목차가 있다. 이 순서를 바탕으로 노트를 정리한다.

   예) 1. 지도에 나타난 우리 시·도의 모습
      1) 지도를 알아보자
      (1) 지도는 언제 필요할까

2) 간단 명료하게 적는다

불필요한 내용은 생략하고 최대한 압축해서 정리한다. 예를 들어 '높이 올라갈수록 기압이 떨어진다.' 이 문장은 '높이↑, 기압↓' 이런 식으로 표현한다. 최대한 핵심 단어만을 사용하여 한눈에 내용이 들어올 수 있도록 한다.

3) 중요한 내용은 표시를 하여 강조한다

꼭 알아야 하는 내용에는 형광펜을 사용하여 표시를 하거나 별표를 한다. 선생님이 강조한 부분은 반드시 수업 중에 체크해 뒀다가 따로 정리한다.

4) 교과서 내용과 선생님의 설명은 자기식 표현으로 고친다

교과서를 그대로 베끼거나 선생님의 설명을 그대로 받아 적는 것은 아무런 효과가 없다. 그 내용을 충분히 이해하여 자신이 알기 쉽도록 풀어 정리한다.

5) 이해가 안 되는 부분은 표시한다

정리를 하다 보면 모르는 부분이 나오기 마련이다. 그런 부분은 표시를 해두고 선생님께 질문한다.

6) 그림이나 표를 만든다

인과 관계나 사건 전개 등은 그림이나 표로 표현하면 이해가 잘 된다. 그래프나 그림 등을 활용해 이해를 돕도록 한다.

"이것은 노트를 정리할 때 가장 기본이 되는 방법이야."

"선생님, 그런데 노트에 그림을 그려도 되는 거예요?"

"당연히 되고 말고. 공부 내용과 관련된 그림을 그려 넣어도 좋고, 사진을 오려 붙여도 좋아. 될 수 있는 한 도표나 그림 등을 많이 사용할수록 이해하기 쉽거든."

"네. 그렇게 할게요."

"두뇌는 예쁘고 깔끔한 글씨를 좋아해. 장원이도 엉망으로 휘갈겨 쓴 노트를 보는 것보다 깔끔하게 정리된 노트를 볼 때 더 기분 좋잖아. 그렇지? 그건 두뇌가 반응하기 때문이야. 그리고 두뇌는 흑백보다 칼라를 좋아해. 그래서 적절히 색을 활용하여 중요한 것을 강조하면서 정리하면 보기도 더 좋을 뿐 아니라 집중도 더 잘 된단다."

"와, 정말 두뇌는 신기한 것 같아요."

"또 뭘 좋아할까? 방금 장원이가 물어본 게 힌트야."

장원이는 뭐라고 했는지 기억을 떠올렸다.

"음, 그……그림이요?"

"응, 맞아! 두뇌는 이미지를 좋아해. 그래서 소리로 들은 것보다 눈으로 본 게 더 오래 기억 남는 거란다. 교과서에 사진이나 그림 자료가 실리는 것도 너희들의 이해를 돕고 암기력을 높여 주기 위해서야."

이후 선생님은 교과서의 목차를 보며, 큰 제목 아래 여러 제목이 있듯이, 교과서 내용을 보면 하나의 큰 주제를 바탕으로 작은 주제들을 배우게 된다고 설명했다. 이를 이용하여 배운 것을 쭉 나열하기보다는 주제별로 묶어서 정리하거나 내용이 달라질 때마다 한 줄씩 띄우라고 했다.

장원이는 선생님의 설명을 들으며, '노트 정리에도 방법이 있었구나. 습관을 들여 놓으면 공부할 때 정말 편리하겠어.' 하는 생각을 했다.

"자, 이번에는 노트 정리의 하이라이트! 일명 두뇌 노트 정리법을 소개할게."

"두뇌 노트요? 머리도 정리해요?!"

장원이는 놀래서 소리쳤다.

"하하하! 그게 아니라 노트를 두뇌라고 생각하고 정리하는 거지."

"어떻게요?"

"전에 두뇌는 좌뇌와 우뇌로 이루어져 있다고 배운 거 기억나지? 좌뇌는 논리적인 사고, 계산 등을 관리하고 우뇌는 상상이나 운동 등을 관리한다고 말이야. 이를 이용하여 공책을 반으로 나눠 정리하는 거야. 즉 노트의 왼쪽을 좌뇌, 오른쪽을 우뇌로 생각하면 돼. 그래서 좌뇌가 좋아하는 공부법을 왼쪽에 적고, 우뇌가 좋아하는 공부법을 오른쪽에 정리하는 거야."

노트의 왼쪽(좌뇌)	노트의 오른쪽(우뇌)
제목 배우는 단원의 제목, 차례를쓴다	
1. 요점 정리 번호를 매기며 요약하고 핵심 내용을 정리한다.	1. 학습목표(공부 방향) 학습 내용의 전체적인 흐름과 요점을 짧게 정리한다.

2. 개념 정리

잘 이해가 안 가거나, 반드시 외워야 하는 용어와 의미를 정리한다.

3. 오답 정리

틀린 문제 중에서 꼭 기억해야 할 내용들을 정리해 둔다. 내가 틀린 문제와 선생님이 강조한 내용을 구분할 수 있도록 내가 틀린 문제는 샵(#) 표시를, 선생님이 강조한 내용은 별표(★)로 나타낸다. 오답과 중요 내용의 구별이 목적이므로 자신이 좋아하는 기호를 사용해도 좋다.

2. 이미지

시험에 나올 확률이 높은 중요한 사진, 그림, 도표, 연표 등을 복사해서 붙이거나 그려 놓는다.

3. 의견 정리

학습 내용에 대한 자신의 의견, 주장, 느낀 점을 정리한다.

좌, 우 공통

수업 중 선생님이 강조한 내용은 별표를 한다.
(오답 정리는 왼쪽이지만, 이미지 문제를 틀렸다면 오른쪽 이미지 옆에 샵 표시를 해놓으면 된다.)

두뇌 특성을 이용한 노트 정리법

장원이는 머리를 갸우뚱했다. 무언가 엄청 어렵고 알쏭달쏭하게 느껴졌기 때문이다. 선생님은 그런 장원이를 보며 말했다.

"여태까지 자신 없어 했지만 잘해 왔잖아. 이번에도 잘할 수 있을 거

제목 1. 거울과 렌즈
1. 물체에 자신의 모습 비추어 보기

요점 정리
❶ 다른 물체의 모습을 잘 비추는 물체
★표면이 매끄러운 그릇, 잔잔한 물, 유리면, 거울 → 표면 매끄럽고, 빛 잘 반사

> 선생님이 강조한 것은 별표를 한다.

❷ 다른 물체 모습을 잘 비추지 않는 물체
★벽, 구겨진 은박지, 칠판, 출렁거리는 물 → 표면 거칠고, 빛 반사 ×

❸ 우리는 어떻게 사물을 볼까?
햇빛, 전등에서 나온 빛이 물체에 부딪친 후 #반사하여 우리 눈으로 들어오면 볼 수 있음.

오답 정리
#반사란 : 일정한 방향으로 나아가던 빛이 물체의 표면에 부딪혀 되돌아가는 현상

> 틀린 문제와 관련된 내용에 샵 표시를 한다.

학습 목표
❶ 다른 물체의 모습을 잘 비추는 물체 알아보기
❷ 거울에 비친 모습을 실제 모습과 비교해 보기

그림, 도표 등의 이미지
★(평면 거울에 비친 물체의 모습)

❶ 거울과 글자 사이 거리만큼 떨어져 보임.
❷ #상하는 그대로, 좌우만 바뀜.
❸ 원래 글자 크기와 같음.

나의 의견 정리
거울에 상이 비치는 것은 빛의 반사 때문이다. 빛의 반사는 빛이 부딪히는 표면에 따라 잘 되는 것이 있고 안 되는 것이 있다.

야. 선생님이 지금 보여 주는 것은 두뇌 노트 정리법을 바탕으로 정리해 놓은 거야. 이것을 보면 조금 이해하기 쉬울 거야."

"어때? 어려워 보이니? 하지만 막상 하다 보면 '이렇게 쉬웠나?' 하는 생각이 들 거야. 이 노트 정리법에 익숙해지면 장원이만의 노트 정리법을 생각해서 추가해도 좋아. 사람마다 몸에 맞는 옷이 다르듯이 노트 정리법도 맞는 게 있거든."

그렇게 말하며 선생님은 다양한 방법을 생각해 보고 고민하다 보면 창의력이 발달한다고 덧붙였다.

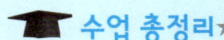 수업 총정리★13일

두뇌의 특성을 고려하여 노트를 정리하라!
두뇌의 좌뇌와 우뇌는 관할하는 역할과 특성이 다르다. 이를 잘 활용하면 보다 효율적으로 내용을 정리하고 익힐 수 있다.

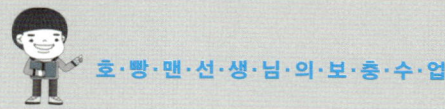
호·빵·맨·선·생·님·의·보·충·수·업

좌뇌와 우뇌의 특성에 맞춘 노트 정리법의 효과

체계적이고 분석적으로 내용을 정리하는 것은 좌뇌의 몫이다. 틀린 문제가 왜 틀렸는지를 꼼꼼히 확인하는 것도 좌뇌의 역할이다. 반면에 전체 내용의 흐름 이해하기, 이미지 보기, 자신의 느낌 표현하기 등은 우뇌의 역할이다. 이처럼 두뇌는 각각 하는 역할이 다르며 이를 이용하여 노트를 정리하면 양쪽 뇌를 동시에 자극하는 효과가 생긴다.

또한 두뇌는 글자보다는 이미지를 좋아한다. 그래서 열 개의 단어보다 하나의 이미지를 더 잘 기억한다. 하나의 단어는 한두 개의 뇌세포를 사용하는데, 이미지는 그보다 약 1만 배 정도 많은 뇌세포를 사용하기 때문이다. 단적인 예로 듣기만 한 정보는 3일이 지나면 약 10퍼센트밖에 기억하지 못하지만, 그림 이미지와 함께 들은 정보는 65퍼센트나 기억한다고 한다. 따라서 노트 정리에 이미지 등을 적극 활용할수록 더욱 효과적인 공부를 할 수 있는 것이다.

그리고 흑백보다 다채로운 색깔을 사용하면 뇌에 다양한 자극을 줘 정보를 빠르고 효과적으로 받아들일 수 있다.

자기만의 노트 정리법을 고안하라

창의적인 활동을 하면 두뇌의 구조도 달라진다고 한다. 이를 증명하듯 깊은 추상적 추리와 상상으로 유명한 아인슈타인의 두뇌는 '브로드만 39번 영역'이라고 하는 곳이 보통 사람보다 두드러지게 발달되어 있다고 한다.

캘리포니아 대학의 다이아몬드 박사는 아이슈타인이 사망했던 나이인 76세와 유사한 나이에 죽은 평범한 남자 11명의 뇌와 아인슈타인의 뇌를 서로 비교했다. 해부해 분석해 본 결과, 위와 같은 차이를 발견하게 된 것이다. 39번 영역은 뇌과학자들이 수많은 뇌 영역들 중 가장 진화된 영역으로 여긴다. 만약 39번 영역이 손상되면 글자를 쓰거나 계산을 할 수 없는 등 모든 고등 정신 능력을 잃어버린다고 한다.

아인슈타인의 39번 영역에서의 또 다른 특이점은 교세포가 매우 많았다는 것이다. 뇌 속의 교세포는 신경세포의 활동을 도와주는 보조 역할을 한다. 그만큼 신경세포의 활동이 많았음을 의미하는 또 다른 증거가 된다.

창의적인 활동이 이 부분에 미치는 영향은 실험을 통해서도 확인됐다. 생쥐를 두 집단으로 나눠 한쪽은 놀이기구가 설치되어 다양한 활동을 할 수 있는 '풍요로운 환경'에서 살게 하고, 다른 쪽은 놀이기구 없이 단순한 활동만 할 수 있는 '열악한 환경'에서 살게 했다. 그랬더니 풍요로운 환경에서 자란 생쥐들의 39번 영역이 열악한 환경에서 자란 생쥐보다 16퍼센트나 커진 것을 확인할 수 있었다.

따라서 단순하게 노트를 정리하거나 전과를 베끼는 식의 노트 정리가 아닌 새로운 방법을 고안하며 노트를 정리하면 이 영역이 활성화되어 창의적인 두뇌를 가질 수 있다.

아뵤~! 교과서의 달인 등극!

"오, 장원이, 책 읽고 있구나. 무슨 책이니?"

"엄마랑 서점에 나갔다가, 선물 받은 건데요. 주인공네 집이 엄청 가난해서 어려서부터 학교도 못 다니고 돈을 벌어요. 그런데 공부가 너무 하고 싶어서 잠자는 시간을 아껴 공부해요. 그래서 성공해요. 주인공이 엄청 대단한 것 같아요."

"정말 감동받았나 보구나. 응, 아주 좋아! 감동도 두뇌에 아주 좋은 자극이 되지. 다음에는 선생님이 다른 책을 선물하마."

"아, 정말요? 주간 계획표를 세운 이후로 매일 책을 읽어서 그런가 책이 조금 재미있어졌어요."

"장원이 안에는 많은 에너지가 들어 있어. 그 에너지를 이끌어 내는 방법을 몰라서 그동안 성적도 별로 좋지 못하고 산만했던 거야. 하지만 조금씩 잠재되어 있던 에너지가 나오는 것 같구나. 앞으로도 선생님만 믿고 잘 따라 오렴, 알았지?"

장원이는 "네!" 하고 씩씩하게 대답한 후, 오늘은 교과서로 공부한다는 선생님 이야기에 교과서를 책상 위에 올려놓았다.

"평소 교과서를 볼 때 어떻게 봤어?"

"사실 교과서는 잘 안 봐요. 학원에서도 교과서보다 문제집 위주로 진도를 나가고요."

"응, 그래. 대부분의 친구들이 교과서를 등한시해. 모든 공부의 기본은 교과서인데 말이지. 교과서를 본다고 해도 대충 보지."

"문제집에 교과서 내용이 다 나와 있는데, 꼭 봐야 해요?"

"당연하지. 전문가 선생님들이 너희들의 인지 발달, 특성 등을 모두 고려해 만든 게 교과서란다. 그래서 교과서만큼 쉬운 문제집은 없어. 문제집에는 만화도 많고 이야깃거리도 많아서 쉬운 것처럼 보이지만 실은 교과서보다 어려운 내용을 담고 있어."

"아, 그렇구나. 그럼 공부할 때 교과서를 먼저 봐야겠네요."

"그렇지. 우수한 성적으로 좋은 대학에 들어 간 사람들의 인터뷰만 봐도 '교과서만 봤어요.' 라고 하잖아. 다 거짓말이 아니야. 교과서만 잘 읽어도 공부의 반은 끝냈다고 할 수 있어. 그런데 교과서를 볼 때 주의해야 할 것이 있어."

"교과서를 볼 때도 요령이 있어요? 그냥 본문만 잘 보면 되는 거 아니에요?"

"일반적으로 친구들이 교과서를 볼 때 그렇게 하지. 하지만 교과서는 시야를 넓게 봐야 해. 교과서에는 무엇이 실려 있지?"

장원이는 뭐가 있는지 골똘히 생각했다.

"그림이요."

"그렇지. 그림이 있지. 다른 거는?"

'그림 말고 또 뭐가 있다는 걸까!' 장원이는 책상 위에 놓여 있는 사회 교과서를 훑어보았다.

"아, 차례도 들어 있구나."라며 장원이가 웃는 얼굴로 말했다.

"그래, 차례도 있지. 또 없니?"

장원이는 더 이상 생각나는 게 없었다. 선생님이 교과서를 다시 한 번 살펴보라고 해서 처음부터 끝까지 훑어보았다. 그랬더니 교과서에는 이전에는 몰랐던 것들이 가득했다. 교과서를 펼치자 교과서의 구성을 소개하는 페이지와 차례가 가장 먼저 나왔다. 그리고 각 장마다 앞으로 배울 내용의 핵심 내용이 무엇인지 알려 주는 부분도 있었다. 본문 뒤에는 '선택 학습, 읽을거리, 더 생각해 보기' 등과 같은 보충 활동 코너들이 실려 있었다.

"교과서에 이런 것들이 있었나 하고 놀랐지? 언뜻 보기에는 불필요해 보이지만 다 의미가 있는 거란다. 그래서 교과서를 볼 때는 처음부터 끝까지 빼놓지 않고 살펴봐야 해. 그리고 그냥 보는 것이 아니라, 제목을 보고 무슨 내용이 담겨 있을지 예측해 보는 등 의미를 생각하며 읽어야 해."

장원이는 선생님의 설명을 들으니 교과서가 새롭게 보였다. 이전까지 교과서는 디자인도 촌스럽고 딱딱한 책이라고만 여겼는데, 만드는 사람의 정성이 한가득 느껴졌다.

"사실 그동안 교과서를 소홀히 해왔는데, 갑자기 자세히 읽으려고 하면 힘들 거야. 이럴 때는 A4 정도 크기의 종이에 교과서의 내용을 그대로 베껴 보는 거야. 제목과 목차는 크게, 중요한 글씨는 두껍게, 그림이 있으면 그림도 그려 넣는 거지."

"이 많은 걸 다요?"

"그래, 네가 교과서를 꼼꼼히 보는 습관이 붙을 때까지 그렇게 해보는 거야."

"그러면 교과서에 무엇 무엇이 들어 있는지 알게 되겠네요."

"그렇지, 이렇게 교과서를 자세히 넓게 보다 보면 저절로 내용의 체계가 잡히게 돼. 게다가 교과서 곳곳에 장치되어 있는 것들은 다 네가 공부하는 데 도움을 줘. 이를 효과적으로 활용하면 시험에 나올 문제도 예상해 볼 수 있어. 그래서 시야를 넓혀 교과서를 보라는 거야."

"시험 문제도요?"

"그럼, 장마다 시작할 때 무엇을 알아야 하는지 정리해서 알려 주고 있지? 그게 그 장의 핵심 내용이잖아. 당연히 그것과 관련된 내용이 시험에 나오겠지?"

"아~, 그렇구나. 신기해요."

시험에 빠지지 않고 나오는 게 있어

"자, 어느 정도 교과서를 넓게 보는 법을 알았으면, 이미지 해석하는 법을 알아볼까?"

"이미지 해석이요?"

"글을 읽을 때 그 의미를 생각하며 읽지? 그림을 볼 때도 그것이 무엇을 나타내고자 하는지 생각하면서 읽어야 해. 그림은 글자를 압축해 놓은 거나 마찬가지거든. 그래서 시험에도 자주 출제되지."

"전 교과서 볼 때 항상 그림과 사진부터 봐요!"

"그래, 대부분의 친구들이 그림이나 사진부터 볼 거야. 그런데 그냥 '아! 재미있는 그림이네.' 하고 끝내면 안 돼. 예를 들어 볼게. 과학 시간에 오목 거울과 볼록 거울을 배웠던 거 기억나니?"

"아, 네."

"오목 거울과 볼록 거울에 각각 빛을 통과시키는 그림이 나오지? 어떤 그림이었지? 한번 떠올려 보렴."

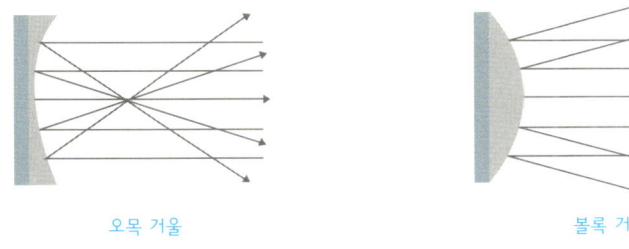

오목 거울   볼록 거울

"음, 그게, 오목 거울은 이렇게 빛이 막 모였고요. 볼록 거울은 반대로 빛이 사방으로 자기 마음대로 퍼져 나갔어요."

머리에 저장되어 있던 이미지를 말로 설명하려니, 생각처럼 쉽지 않았다. 하고 싶은 말은 많은데 말하지 못할 때와 비슷한 느낌이었다.

"그래, 잘 설명했어. 그 그림은 우리에게 무엇을 알려 주고 있을까?"

"네? 그……그게요, 빛을 거울에 이렇게 통과시키면, 그러니깐 빛이

굴절한다? 아, 아니, 거울에는 볼록 거울, 오목 거울이 있다? 잘 모르겠어요."

"자, 이 단원의 제목은 '거울과 렌즈'야. 그러면 거울과 렌즈의 특성을 배운다는 것을 짐작할 수 있지? 그래서 차례나 제목까지 교과서를 넓게 보라는 거야. 그러면 이것만으로도 무엇을 배우는지 대충 감을 잡을 수 있거든. 이것을 바탕으로 그림의 의미를 살펴보면, 그림은 거울의 특성을 비교 설명해 주는 것이라고 생각할 수 있어. 즉 오목 거울은 빛을 모아 주고, 볼록 거울은 빛을 퍼뜨려 준다는 것을 알려 주고 있는 거야."

"아, 그렇구나! 너무 신기해요! 그냥 이 그림을 보고 신기하네 하고 넘어갔었는데."

"이처럼 교과서를 넓은 시야로 바라보고 본문과 본문에 실린 사진 자료들까지 꼼꼼히 살피면 그동안 몰랐던 것을 많이 알게 되고, 이해도 빨라진단다. 차례를 살펴보는 방법은 다음 시간에 자세히 가르쳐 줄게."

호빵맨 선생님은 교과서를 꼼꼼히 살펴볼 수 있도록, 앞으로 공부할 부분의 제목과 차례, 이미지 자료 등에 별표를 해놓는 것도 좋은 방법이라고 했다. 우리 두뇌는 별표를 중요한 기호로 인식하고 있기 때문에 자신도 모르게 유심히 보게 된다는 것이다. 장원이는 앞으로 교과서의 달인이 될 것만 같은 자신감이 불끈 솟았다.

🎓 수업 총정리 ★14일

교과서를 처음부터 끝까지 읽어라!

공부는 교과서만 충실히 읽어도 충분하다. 본문만이 아니라, 처음부터 끝까지 읽는 습관을 들여야 한다. 제목, 차례, 이미지, 보충 자료에 별표를 해놓고 빠짐없이 살펴보도록 한다.

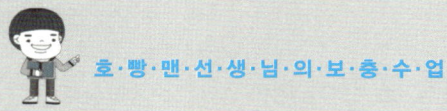

전체 흐름을 파악하는 교과서 읽기

집은 보지 못한 채 집을 구성하는 벽돌만 봤을 때는 이것이 왜 사용되었는지 그리고 그 벽돌이 어떤 의미를 가지는지 모르지만, 집 전체를 둘러보고 벽돌을 봤을 경우, 집과의 관계를 저절로 떠올리게 되고 벽돌의 의미와 역할을 파악하게 된다. 이는 완벽한 이해를 통한 논리적인 사고를 돕는다.

과학자들은 아직 밝혀지지 않은 인간 두뇌의 무한한 비밀이 우뇌에 있다고 얘기한다. 나무를 아우르며 숲을 보는 훈련을 자주 하면 우뇌가 발달한다. 부분만 보는 사람은 전체를 보기가 쉽지 않지만, 전체의 흐름을 꿰뚫고 있으면 부분은 쉽게 이해할 수 있다. 이것은 아이들이 교과서를 볼 때도 마찬가지다. 그래서 단원의 흐름이 분석되면 부분은 쉽게 정리되고, 교과 내용이 체계적으로 잡혀 자유자재로 응용이 가능해진다.

왜 다른 사람의 성공담을 읽어야 할까?

많은 책이나 영화에서 자신의 한계를 극복하여 성공을 이루어 낸 사람들의 이야기를 소개한다. 어려운 형편 속에서 아르바이트를 해가며 열심히 공부해 일류 대학에 진학한 이야기나, 장애를 극복하고 성공한 이야기들은 깊은 감동을 선사한다.

이때 받은 감동은 정신적으로 성숙하게 한다. 또한 '나도 할 수 있다.'는 자신감과 '나도 그렇게 되고 싶다.'는 꿈을 심어 준다. 두뇌는 모방 심리가 있어서 교훈적이고 감동적인 이야기나 인물을 접하면 따라 하고 싶어한다. 이는 공부하기 힘들어하는 아이들에게는 좋은 자극제가 된다.

# 교과서의 숨은 약도를 찾아요!

'선생님이 교과서가 중요하다고 그랬어. 앞으로 교과서를 열심히 봐야지.'

호빵맨 선생님을 기다리며, 장원이는 국어, 수학, 사회, 과학 교과서를 훑어보았다.

"장원아, 교과서에는 많은 내용이 들어 있어. 교과서를 자꾸 보다 보면 이 중에서 꼭 알고 익혀야 할 내용을 깨닫게 된단다."

교과서를 보고 있으니 선생님의 말이 새록새록 떠올랐다.

장원이는 교과서를 넘기면서 제목도 보고 차례도 보고 이미지도 보았다. 교과서의 구성이 어떻게 되어 있고, 강조하는 내용이 무엇인지도 살펴보았다. 그랬더니 수업 시간에 배운 내용도 생각났다. 교과서가 새롭게 느껴졌다.

특히 전에는 신경도 안 썼던 '정리해 보자, 조사해 보자, 이야기해 보자' 등의 활동 코너도 유심히 보았다.

호빵맨 선생님은 이렇게 말했다.

"이런 형태가 바로 수능형 문제야. 아직 초등학생이지만, 이런 문제 유형과 사고 방식에 익숙해지면 수능 볼 때 많은 도움을 받을 수 있을 거야."

그렇게 한참 교과서를 보고 있는데 선생님이 들어왔다.

"오! 짱원이~! 멋진데! 과외를 하기 전부터 교과서를 보고 있다니!"

"헤헤."

장원이는 선생님의 칭찬에 얼굴이 붉어졌다. 선생님은 너무 무리해서 공부하면 오히려 수업 때 집중력이 떨어진다며 잠깐 휴식 시간을 갖자고 했다. 장원이는 한창 공부에 재미를 느끼고 있었기 때문에 조금 아쉬웠다. 그런데 선생님과 신나게 게임을 하고 났더니 몸이 아주 개운해지며 아까보다 더 공부하고 싶어졌다.

"선생님, 놀았더니 더 공부하고 싶어졌어요. 너무 신기해요."

"공부하는 것도 중요하지만, 휴식도 중요하단다. 휴식을 취하지 않고 공부하는 게 더 좋을 것 같지? 공부 시간이 그만큼 늘어나니깐 말이야. 하지만 휴식을 취하는 동안, 두뇌는 그동안 공부한 것을 정리하여 받아들인단다. 아무리 많은 정보를 머릿속에 넣어도 정리가 되지 않는다면 활용할 수가 없어. 휴식은 꼭 필요한 거야. 두뇌가 새로운 정보를 받아들일 준비가 돼서 더 공부하고 싶어진 거지."

장원이는 선생님에게 이야기를 들을수록 두뇌라는 것이 너무나 신기했다. 그리고 자신도 조금씩 공부 잘되는 머리로 거듭나고 있는 것 같아 기분이 좋았다.

"선생님, 오늘은 무슨 공부를 해요?"

"오늘은 어제에 이어 교과서를 살펴보자꾸나. 그중에서도 특히 차례에 대해 이야기할 거야. 만일 장원이가 오랜만에 친구 집에 놀러 가려고 해. 이때 무슨 생각을 할까?"

"그야 당연히 어떻게 갈 것인지를 생각하겠죠."

"그래, 어떻게 길을 가야 빠른지 약도를 떠올릴 거야."

"네, 그래야 빨리 가서 친구랑 놀죠!"

"하하! 그렇지! 이런 약도와 같은 역할이 교과서에서 목차의 역할이란다. 무슨 말인지 알겠니?"

장원이는 선생님 말을 이해할 수 있었다. 선생님은 차례가 전체 내용을 질서 있게 연결해 주는 다리 역할을 한다고 했다. 그래서 전체 내용을 빠르게 이해할 수 있도록 돕는다는 것이다.

"장원아, 차례만 제대로 파악해도 내용의 절반은 이해한 거나 마찬가지야. 교과서에 있는 제목과 차례는 무엇에 대해 배울 것인지를 가장 정확히 알려 주거든. 그래서 차례는 꼭 알아야 할 중심 단어를 포함하는 경우가 많아."

선생님은 장원이의 이해를 돕기 위해 브로콜리가 그려져 있는 종이 한 장을 내밀었다.

"어, 내가 좋아하는 브로콜리다. 초고추장 찍어 먹으면 맛있잖아요."

"그래, 선생님도 좋아해. 동글동글한 브로콜리의 속은 어떻게 생겼을까? 상상이 되니?"

"잠깐만요. 지금 상상하고 있는데, 잘 안 돼요."

그동안 무수히 많은 브로콜리를 먹었으면서도 속이 어떻게 생겼는지는 한번도 생각해 보지 않았다.

"그럼 선생님이 말하는 대로 상상해 봐. 위에서 아래로 가운데를 잘라 보자. 자른 단면은 겉의 모양과 비슷해. 가지 모양이나, 크기가 말이야. 상상이 좀 되니?"

"네, 어렴풋이요."

장원이의 머릿속에는 브로콜리의 속모양이 희미하게 떠올랐다. 선생님은 이것은 나무의 크기와 생김새를 보면 땅 속에 묻힌 뿌리의 크기와 모양을 짐작할 수 있는 것과 같다고 했다. 안 보고도 짐작할 수 있다는 것이다.

"이것을 '전체 보기'라고 해. 전체를 통해 부분을 보는 걸 뜻하지. 차례는 그야말로 전체 보기의 역할을 해줘."

그러면서 차례를 공부와 어떻게 연결시킬 수 있는지 설명했다.

"장원아, 만일 수업 시간에 수업 내용이 이해되지 않는다면, 그 과목은 반드시 예습을 해야 해. 알았지?"

"수업 내용이 이해가 안 될 때요?"

"그래. 교과서에 있는 차례의 의미 정도만 파악해도 충분히 예습이 된단다."

선생님이 제목과 차례가 적혀 있는 종이 한 장을 보여 주었다.

> 1. 배수와 약수
> 1) 배수를 알아봅시다.
> 2) 약수를 알아봅시다.
> 3) 배수와 약수의 관계를 알아봅시다.
> 4) 공약수와 최대공약수를 알아봅시다.
> 5) 공배수와 최소공배수를 알아봅시다.
> 6) 공약수와 최대공약수, 공배수와 최소공배수의 관계를 이용하여 문제를 해결하여 봅시다.
> 7) 재미있는 놀이
> 8) 문제를 해결하여 봅시다.
> 9) 실생활에 적용하여 봅시다.

수학 5-1 단원 차례

"내일 공약수와 최대공약수의 차례를 배운다고 해보자. 그러면 예습할 때 교과서를 보면서 차례에 나오는 개념 정도만 이해하면 돼. 공약수가 무엇이고, 최대공약수가 무엇이고, 그 둘의 관계는 어떻게 되는지 말이야."

선생님의 설명을 듣고 보니, 예습이 엄청 간단하게 느껴졌다.

"장원이 요즘 수업 일기 열심히 쓰고 있잖아. 수업 일기로 이미 복습을 하고 있으니 차례를 이용해 핵심만 간단히 예습할 수 있다면, 공부 효과가 엄청나겠지?"

선생님 말대로 하다 보면 나도 금세 1등이 될 수 있을 것만 같았다.

🎓 수업 총정리 ★ 15일

차례로 교과서의 큰 줄기를 이해하고 예습하라!

교과서의 차례는 앞으로 배울 내용의 대략적인 줄기를 잡도록 도와준다. 하루 5분, 평소 약한 과목일수록 앞으로 배울 차례에 나와 있는 개념과 그 관계를 확인하면서 예습해야 한다.

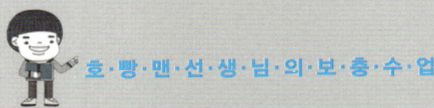
호·빵·맨·선·생·님·의·보·충·수·업

빠르고 편리하게 핵심만 예습하는 법

공부는 예습, 수업, 복습 3단계로 이루어진다. 예습은 두뇌에 큰 도로를 닦아 놓는 역할을 한다. 교과서의 차례 개념이나 사진 자료를 살펴보는 것만으로도 충분하다. 두뇌는 신기하게도 한 번이라도 본 것은 관심을 기울이는 특성이 있어, 수업 시간의 흥미와 집중도가 높아진다. 또한 사전에 큰 흐름을 이해했기 때문에 두뇌가 받아들인 정보를 강하게 기억해 공부 효율이 높아진다.

수업 중 메모하는 법을 배워요!

"장원이는 글씨 쓰는 걸 싫어하는 것 같아."

"네, 그게, 컴퓨터 자판 치는 게 더 편해서 점점 안 쓰게 돼요."

"음, 그래. 저번에도 말했듯이 대부분의 친구들이 그렇긴 하지만 손으로 글씨를 쓰는 것은 두뇌 발달에 아주 좋아. 중국이나 일본, 우리나라 사람들이 머리가 좋은 것도 다 젓가락 문화 때문이라는 말이 있잖아."

"젓가락이요?"

"그래, 젓가락을 사용하려면 손을 많이 쓰게 되잖아. 그래서 두뇌가 발달했다는 거야."

"아, 손과 두뇌가 서로 관련 있구나."

"그렇단다. 그런데 장원이는 손으로 쓰는 걸 안 좋아하다 보니 메모도 잘 안 하는 것 같아. 교과서를 보면 선생님 설명이 아주 뜨문뜨문 적혀 있잖아."

"……."

장원이는 부끄러운 듯 머리를 긁적였다.

"메모는 젓가락처럼 손으로 하는 거라서 두뇌 발달에 아주 좋아. 특히 수업 중에 선생님 설명을 메모하면 두뇌에도 자극을 주고, 나중에 혼자 공부할 때 그 메모를 바탕으로 노트도 정리할 수 있고 이해도 도울 수 있으니 캡숑짱이지."

"캡숑짱이요? 하하하. 선생님도 그런 말 쓰세요? 하지만 저는 적는다고 적었는데 무엇을 적어야 하는지 모르겠어요. 그렇다고 선생님이 말하는 것을 다 적자니 설명 속도를 따라갈 수가 없고요."

"장원이가 메모할 때 시간에 쫓기고 힘든 것은 무엇을 메모해야 하는지 모르기 때문이야. 자, 보렴."

1. 선생님이 여러 번 강조하는 내용
2. 새롭게 알게 된 개념이나 내용
3. 헷갈리는 내용
4. 이해가지 않는 내용
5. 교과서에 없는 설명

"수업 중 무엇에 주의하여 메모해야 하는지를 적어 놓은 거야. 이것만 잘 기억하고 메모하는 연습을 해두면 장원이도 효과적으로 메모를 할 수 있어."

"그럴까요? 그런데 왜 이것들을 메모해야 해요?"

"우선 선생님이 수업 중 여러 번 강조한다는 것은 중요하다는 뜻이야.

그만큼 시험에 나올 확률이 높지. 그래서 그런 것들은 반드시 메모해 둬야 해."

"그런데 선생님이 강조하는 걸 어떻게 알아요? 전 아무리 수업을 들어도 모르겠던데……."

"장원이도 중요한 내용을 말할 때는 듣는 사람의 관심을 주목시키기 위해 손동작을 크게 한다거나 목소리를 높이지? 선생님도 마찬가지야. 칠판을 두드리며 큰 소리로 말하거나 같은 말을 여러 번 반복하지. 어떤 경우에는 중요하니까 꼭 기억하라고 말할 때도 있어. 이런 것들은 놓치지 않고 메모해 둬야 해."

"아, 알겠어요. 그리고 별표도 꼭 해야 하죠? 나중에 공부할 때 주의 깊게 살펴볼 수 있도록요."

"그렇지! 장원이가 하나를 가르쳐 주니 둘을 아는구나! 자, 이제 두 번째를 큰 소리로 읽어 보렴."

"새로 알게 된 개념이나 내용을 메모한다!"

"그래, 잘했어. 그러려면 앞으로 무엇을 배우는지 알고 있어야 해."

"아, 예습을 해야 한다는 거죠?"

"응, 그래. 어제 차례로 예습하는 것을 배웠지? 차례를 이용해 교과서를 미리 살펴보고 모르는 개념 등이 있으면 표시를 해두는 거지. 그리고 선생님이 그 부분을 설명할 때 특히 주의를 기울여 듣고 메모를 하는 거야. 또 교과서에 없는 설명 등을 적어 놓으면 나중에 혼자 복습하거나 공부할 때 내용을 이해하는 데 도움이 많이 돼."

"정말 그렇네요. 그런데 선생님의 설명을 적다 보면 자리가 부족할

오목 거울 가까운 거리는 크게, 먼 거리는 작게 거꾸로 보임
볼록 거울 가까운 거리는 작게, 먼 거리는 더 작게 바로 보임
오목 렌즈 작게 보임, 어린이 안경
볼록 렌즈 크게 보임, 돋보기, 확대경

우리는 빛의 반사★로 사물을 볼 수 있다.

물컵이 휘어져 있어서

볼록렌즈, 왜지?

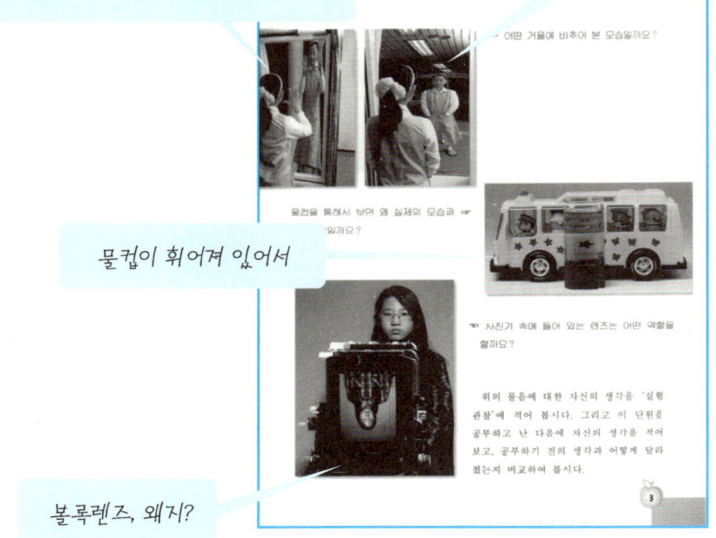

효과적인 메모의 예시

때가 있어요. 그럴 때는 어떻게 해요?"

"그럴 때는 핵심만 교과서에 메모해 놓고 추가적인 설명은 포스트잇에 메모해서 붙여 놓으면 돼. 교과서에 억지로 다 써넣으려고 하면 엄청 지저분해지고 빽빽해져서 보기 싫어지거든."

"하지만 포스트잇은 금방 떨어지잖아요. 그리고 교과서 본문도 가리고요."

"하하, 장원이가 예리하구나. 수업 일기를 하면서 배운 것을 복습하잖아. 이때 포스트잇에 적어 놓은 것 중 중요하다고 생각되는 것은 수업 일기에 옮겨 놓으렴. 그리고 교과서에 붙인 포스트잇을 떼어 버리는 거지."

 "아, 그러니깐 수업 일기 쓸 때 수업 중에 적은 메모도 유심히 살펴봐야겠네요."

 선생님은 "그렇지!" 하고 말하며 기특하다는 듯이 장원이의 머리를 헝클듯 쓰다듬었다. 그리고 나머지 메모 내용에 대해서도 구체적으로 설명해 주었다.

 "또 수업을 듣다 보면 헷갈리는 말들이 있을 거야. 오목거울이 빛을 모아 주던가? 볼록거울인가? 이렇게 말이야. 이런 말들은 표시를 해두는 거지. 나중에 네가 유심히 살펴볼 수 있도록 말이야."

🎓 수업 총정리★16일

수업 중 선생님의 설명을 메모하라!

메모는 두뇌를 자극하고 계발한다. 수업 중에 한 메모는 효율적인 공부를 돕는다. 또한 메모를 하면 수업에 집중하게 되고, 중요 내용의 파악을 도와 저절로 시험 대비를 할 수 있게 된다.

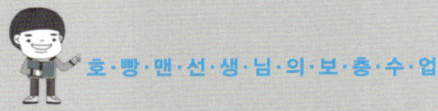
호·빵·맨·선·생·님·의·보·충·수·업

손과 두뇌 발달의 관계

손은 제2의 뇌라고 할 정도로 두뇌 활동과 밀접한 관련이 있다. 두뇌의 운동 신경 명령을 수행하는 주요 도구는 손이다. 두뇌 세포 조직의 상당 부분이 손가락의 감각과 손가락을 움직이는 운동 신경에 관여하고 있다. 그 결과 손가락의 민첩성을 기르거나 최소한 유지만 해도 두뇌 기능이 향상된다. 손놀림이 빠른 아이가 지능이 높으며, 양손을 사용할 때 두뇌 작용이 더 활발하다는 사실이 연구 결과 밝혀지기도 했다.

종이접기나 모형 비행기 조립하기 등 세밀한 손의 움직임을 요구하는 활동은 두뇌와 손의 연결 관계를 보다 긴밀히 하여 두뇌 능력을 향상시킨다.

위인 300명의 공통점

1920년대 미국의 심리학자 캐서린 콕스는 링컨, 다빈치, 에디슨, 바흐 등 역사상 위인 300명을 연구했다. 그리고 오랜 연구 끝에 이들의 공통점을 발견해 냈다. 그것은 그들이 모두 '메모광'이라는 것이다. 예를 들어 에디슨은 300만 쪽에 달하는 노트와 편지를 남겼고, 다빈치 역시 사소한 생각을 비롯 다양한 스케치와 도식들로 가득 찬 방대한 양의 노트를 남겼다.

300명의 위인뿐만이 아니라 성공한 사람들은 대부분 메모하는 습관을 지니고 있다. 인간의 기억은 시간이 지나면 잊혀지거나 변형된다. 하지만 메모를 해두면 정보의 변형과 기억의 한계를 막을 수 있다. 또한 메모는 두뇌를 편안하게 하며, 뇌 기능의 저하를 막고 두뇌 회전을 빠르게 하는 효과가 있다. 귀찮고 단순해 보이는 메모 습관이 엄청난 두뇌 잠재력을 키워 주는 것이다.

4장

1등의 꿈을 품다!

아쉽게 틀리는 한두 문제, 이해력과 응용력이 해결책이다

17일 내 머리에 방이 있다고요?
보충 수업 필요한 정보를 빠르게 떠올리는 법

18일 똑같은 이야기를 듣고 왜 서로 다른 내용을 기억할까요?
보충 수업 복잡하고 많은 내용의 요점을 빠르게 파악하는 법

19일 개념이 도대체 뭐예요?
보충 수업 응용력의 바탕이 되는 개념 이해

20일 무조건 많은 책을 읽으면 안 된다고요?
보충 수업 우등생들이 시험 문제를 미리 알고 있는 이유/
독서와 시냅스의 관계

100점과 90점은 다르다. 그 10점의 차이는 이해력과 응용력이 좌우한다. 이를 갖추기 위해서는 개념에 대한 정확한 이해가 바탕이 되어야 한다. 개념은 모든 공부의 근간으로, 개념을 제대로 공부하지 않으면 학년이 올라갈수록 성적이 무너지게 된다.

두뇌에는 여러 방이 있어 각각의 정보를 저장한다. 만약 관련 정보들이 여기저기 흩어져 있다면 효율적인 정보 활용이 어려워진다. 따라서 개념 등을 공부할 때는 관련 개념끼리 묶어 저장할 수 있도록 주의해야 한다.

교과서나 책을 읽을 때 중심 단어와 중심 문장을 찾는 훈련은 개념 이해의 첫걸음으로 이해력을 높여 준다. 또한 사각형 맵, 바퀴 맵, 화살표 맵을 이용하여 책을 읽는 습관을 들이면, 글에 대한 이해력을 높일 수 있다.

17일 내 머리에 방이 있다고요?

"장원아, 전에 선생님이 정보를 두뇌의 방에 저장해 놓는다는 이야기를 한 적 있는데, 기억나니?"

장원이는 얼핏 기억나는 것 같았다.

"장원이 집에는 방이 모두 몇 개지?"

"부모님, 형, 제 방까지 3개요."

"거실과 화장실도 있지?"

"네. 맞아요."

"누뇌에도 이처럼 여러 방이 있단다."

'아! 전에 수학의 방 어쩌고 한 것 같은데 그래도 머릿속에 방이 있다니!' 장원이는 선생님의 말이 이해가 안 됐다. 선생님은 장원이의 황당해하는 표정을 보고 웃으며 말했다.

"선생님이 지금 무슨 소리 하나 싶지? '하얀 공이 날아간다.'는 문장을 생각해 보자. 이 문장은 한 곳이 아닌 세 개의 방에서 가져온 정보들이 하나로 합쳐서 완성된 거란다. '하얗다.'는 색깔 방, '공'은 물체 방,

'날아간다.'는 동작 방, 이렇게 말이지. 이것이 두뇌가 문장을 만드는 기본 원리란다."

"그래요? 정말 신기하다."

어느새 장원이는 놀라워하며 자신의 두뇌에는 몇 개의 방이 있을까 생각해 봤다.

"그런데 각 방에는 관련 정보만 들어 있어야 해. 국어 공부를 했는데 엉뚱하게 수학 방에 저장되면 나중에 찾기 어려워지거든."

"엄마 물건이 형 방에 있는 것과 같은 거죠?"

장원이는 두뇌 방의 존재와 의미가 이해되기 시작했다. 선생님은 그런 장원이에게 비유도 잘하고 이해력도 빨라졌다며 칭찬했다. 칭찬을 받고 싱글벙글하던 장원이가 갑자기 심각한 얼굴로 선생님에게 말했다.

"선생님, 그럼 저는 두뇌 방이 엉망진창이겠네요. 집중력도 나쁘고, 기억력도 안 좋으니까요."

"장원이가 왜 집중력이 안 좋고 기억력이 나빠. 이렇게 좋아지고 있잖아. 선생님이 가르쳐 준 집중력 훈련을 꾸준히 하면 더 좋아질 거야. 알았지?"

"네."

그러면서 선생님은 지금부터 가르쳐 주는 방법들을 잘 익혀 두라고 했다.

"공부할 때 두뇌 방을 적극적으로 활용하면 매우 도움이 돼. 특히 학년이 올라갈수록 배우는 것이 많아지잖아. 그럴수록 방 정리가 잘 되어 있어야 해. 과학 과목을 예로 들어 보자."

과학 방

거울 – 반사 – 입사각 – 반사각 – 법선
오목 거울 – 반사경 – 볼록 거울

"이것은 '거울과 렌즈' 단원에서 배우게 되는 것 중 중요한 단어만 일부 모아 놓은 거야. 이처럼 관련 사항들끼리 묶어 두뇌의 과학 방에 저장시킬 수 있어야 해. 영어도 역시 연상되는 단어끼리 외워 저장하면 쉽게 기억할 수 있어. 자, '상상하다.'를 뜻하는 '이매진'이란 단어로 선생님은 '뇌'를 뜻하는 '브레인'이 떠올랐어. 나머지 부분은 장원이가 직접 채워 봐."

imagine – brain – (computer) – (game) – (mother) – (study)

"잘했어. 이렇게 연상되는 단어나 서로 공통점을 가진 단어 처럼 서로 관련 있는 것끼리 외우면 효과가 좋아."

선생님이 종이 한 장을 책상 위에 올려놓았다. 종이에는 무수히 많은 방 모양과 길 모양이 그려져 있었다.

뇌방에는 관련된 정보만이 저장되어야 효과적인 떠올리기가 가능하다.

"와!"

장원이는 그림을 보고 눈이 휘둥그레졌다.

"이게 두뇌 방이란다."

그림 속의 두뇌 방은 서로 연결이 되어 있었다. 선생님은 방끼리 연결되어 있어 필요할 때마다 서로 저장된 내용을 주고받는다고 했다. 장원이는 그림을 보며 머릿속에 이런 것들이 있다고 생각하니 갑자기 머리가 무겁게 느껴졌다.

"장원아, 두뇌의 방은 '뇌방'이라고 해. 이 뇌방들은 시냅스로 연결되어 있단다. 이제 시냅스가 무엇인지는 잘 알고 있지? 자, 예를 하나 들어 보자."

백두산, 연필, 지리산, 샤프, 과학, 음악, 한라산, 수학, 묘향산, 공책, 형광펜, 에베레스트 산, 국어

"이렇게 단어들이 나열되어 있어. 서로 전혀 연관 없어 보이지? 이 단어들을 그냥 외우려고 하면 잘 기억도 안 나고 헷갈릴 거야. 하지만 서로 공통점이 있나 찾아보고 비슷한 것들끼리 묶어 봐."

산 – 백두산, 지리산, 한라산, 묘향산, 에베레스트 산
학용품 – 연필, 샤프, 공책, 형광펜
과목 – 과학, 음악, 수학, 국어

"이렇게 나눌 수 있지? 그러면 외우기가 한결 쉬워져. 공부를 하다 보면 엄청나게 외울 것들이 많아. 그런 것들을 이렇게 관련 있는 것끼리 묶어서 머릿속의 방에 저장해 놓는다면 금방 외우고 나중에 기억할 때도 쉽게 떠올릴 수 있단다."

장원이는 선생님의 설명을 들으며 두뇌에는 많은 방이 있어 각 방마다 관련된 정보가 담겨 있고, 방끼리 서로 연결되어 필요한 정보를 교환하고 제공해 준다는 것을 어렴풋이 깨닫기 시작했다.

"그리고 이러한 훈련을 통해 개념들 간의 연관성을 파악하고 분류하는 능력을 키울 수 있어."

수업이 끝난 후 장원이는 자신의 머리를 쓰다듬었다.

"머리야, 네가 정말 수고가 많다~!"

 수업 총정리 ★ 17일

관련된 내용끼리 묶어 외워라!
다양한 개념들 간의 연관성을 발견하여 빠르게 연결짓고 분류하면 두뇌 작용을 도와 효율적으로 외울 수 있다.

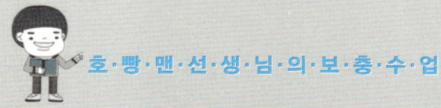
호·빵·맨·선·생·님·의·보·충·수·업

필요한 정보를 빠르게 떠올리는 법

두뇌에는 '뇌방'이라고 하여 각각의 정보를 담아 놓는 방이 있다. 머릿속의 정보를 효율적으로 이용하기 위해서는 연관된 정보끼리 저장되어 있어야 한다. 두뇌는 체계화된 것을 좋아한다. 또한 깊이 없는 잡다한 지식보다는 유용한 양질의 정보들을 좋아한다.

우리 머릿속의 방도 어느 한 방의 세포만 분주히 움직인다면 통합적으로 두뇌를 사용할 수 없게 된다. 관련 내용을 빠르게 연결짓고 분류하는 훈련을 통해 뇌 속의 방, 뇌방을 잘 정리해 둬야 한다. 그러면 두뇌 안에서 팀플레이가 잘 이루어져 적재적소에 필요한 정보를 떠올릴 수 있으며 두뇌 회전이 빨라진다.

똑같은 이야기를 듣고
왜 서로 다른 내용을 기억할까요?

장원이는 그동안 해온 과제물을 책상 위에 올려놓고 선생님을 기다렸다. 선생님은 과제물을 보며 장원이가 나날이 좋아지고 있다며 칭찬해 주었다. 장원이의 수업 일기와 주간 계획표는 검사하지 않아도 될 정도로 좋아졌다.

"실력이 점점 좋아지는 모습을 보니 선생님도 정말 뿌듯하구나."

선생님은 함박웃음을 지으며 거듭 칭찬해 주었다. 장원이 역시 스스로가 대견스러워 어깨가 으쓱해졌다.

"음, 오늘은 수업하기 전에 질문 하나 할게. 장원아, 엄마가 슈퍼에 가서 뭐 좀 사다 달라고 했어. 그런데 네가 빨리 갔다 오는 것에 집중한 나머지 엄마가 사오란 것이 무엇인지 모른다면 어떻게 되겠어?"

"아무것도 못 사요."

"그래, 엄마 심부름을 잘 해내기 위해서는 빨리 갔다 오는 것도 중요하지만 무엇을 사오라고 했는지에도 집중해야 해. 공부도 마찬가지야. 가장 중요한 내용을 알고 있어야 해. 똑같은 수업을 들었는데 서로 다른 내용을 기억하는 것도 중심 내용을 파악하지 못해서야. 만약 중심 내용을 잘못 파악해 기억한다면 시험에서 좋은 점수를 받지 못하겠지."

선생님이 흰 종이 위에 문장을 하나 적었다.

대치동 청솔아파트 101동 203호에 살고 있는 철수는 매주 수요일 봉사 활동을 간다.

선생님은 장원이에게 이 문장에서 중심 단어를 찾아보라고 했다. 장원이는 선생님이 종이 위에 적어 놓은 문장을 보며 한동안 고민한 후 대답했다.

"봉사…… 활동인가요?"

"자신이 없나 보구나."

"그럼 청솔 아파트인가?"

왔다 갔다 하는 장원이에게 선생님이 미소를 지었다. 선생님이 왜 봉사 활동이라고 생각했는지를 묻자 장원이는 "문장 맨 마지막에 나오길래."라며 자신 없는 말투로 대답 했다.

"중심 단어란 무엇일까?"

"가장 중요한 단어요."

"음, 그래, 맞아. 가장 중요하면서 모든 내용을 아우를 수 있는 단어를 뜻해. 이 문제를 내면 열 명 중에 아홉은 장원이처럼 '봉사 활동'이라고 말한단다."

대치동, 청솔아파트, 101동 203호, 철수, 수요일, 봉사 활동

"자, 보렴. 이 문장을 구성하는 단어를 나열한 거야. 중심 단어는 이 모든 단어를 아우를 수 있어야 한다고 했지? 만약 대치동이 중심 단어라면 이렇게 정리할 수 있어."

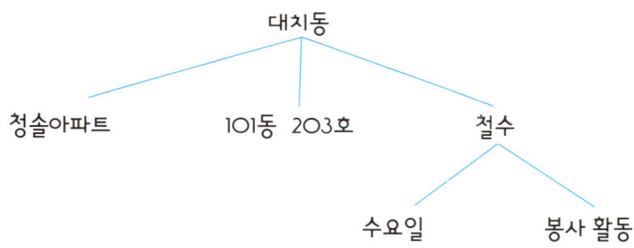

"이렇게 보면 '대치동에는 청솔아파트가 있는데, 101동 203호에 철수가 살고 있다. 철수는 수요일에 봉사 활동을 간다.'라고 정리할 수 있지? 하지만 대치동의 특징이나, 자연환경, 교통에 대해 설명하는 것이 아니기 때문에 대치동이 중심 단어로 보기에는 어렵지?"

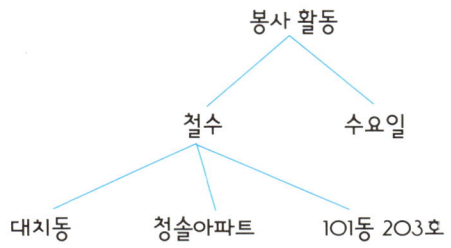

"자, 봉사 활동이 중심 단어라고 하면 철수와 수요일을 제외하고는 연관성이 없잖아. 이번엔 철수를 중심 단어로 해보자."

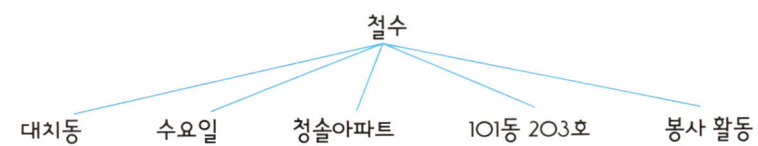

"어떠니?"

"아, 모든 단어가 철수와 관련 있어요."

"그렇지? 이 문장은 철수가 사는 곳과 철수가 수요일에 하는 활동을 설명해 주고 있어. 결국 중심 단어는 철수인 거야. 이렇게 그림으로 표현하니깐 이해가 쉽지?"

장원이는 설명을 들으니 쉽게 이해가 갔다. 이후 선생님은 중심 단어를 이용하여 중심 내용을 만드는 법을 알려 주었다.

"중심 내용은 중심 단어 앞 또는 뒤에 보충 설명을 덧붙이면 돼. 즉 이 문장들이 우리에게 무엇에 대해 알려 주고 있는지를 본문에서 추려 내고 추가 설명을 다는 거야. 이 문장은 대치동에 사는 것과 봉사 활동 하는 것 두 가지를 이야기해 주고 있어. 하지만 대치동에 사는 것은 철수를 꾸며 주는 말이고, 봉사 활동이란 행동에 초점이 맞춰져 있으니깐, 중심 내용은 '철수는 봉사 활동에 간다.' 가 되겠지."

선생님은 실제로 해보자며 프린트 한 장을 꺼냈다. 그것은 장원이가 4학년 때 배운 사회 교과서의 한 내용이었다.

> 인석이는 우리나라를 여행하며 찍은 사진들을 정리하며 사람들이 살고 있는 여러 곳의 모습이 서로 다르다는 것을 알게 되었다. 산이 잇달아 솟은 곳도 있고, 논밭이 펼쳐진 평야 지역도 있으며, 해안선이 굽이친 바닷가도 있었다. 또 땅의 모양에 따라 자연풍경, 사람들이 하는 일, 집의 모양 등 여러 가지가 서로 달랐다.

사회 4-1 '우리 시·도의 모습'

"문장이 엄청 길지? 중심 내용을 찾기 전에 무엇부터 찾아야 하지?"

"중심 단어요."

"그렇지. 그러고 난 다음에는?"

"중심 단어 앞 또는 뒤에 보충 설명을 한다."

"자, 그럼 그것을 바탕으로 이 문장의 중심 단어를 말해 보렴. 무엇을 얘기하는 건지 알겠니?"

"우리나라의 모습이요."

"구체적으로 말해 봐. 이 글의 가장 중요한 중심 단어가 무엇인지를 찾아야 해. 우리나라의 무슨 모습이야?"

"그러니까, 땅이요."

"그렇지. 땅에 대해서 얘기하는 거야. 이제 알겠니?"

"네."

"이번엔 중심 단어를 가지고 중심 내용을 만들어야겠지. 만들어 봐."

"우리나라 땅의 모습은 다르다. 땅의 모습에 따라 자연, 집 모양이 다르다?"

"그래, 이것을 더욱 간략하게 하면 '다양한 땅의 모습에 따른 우리나라 모습'이 된단다."

선생님은 연습하면 누구나 쉽게 중심 내용을 찾을 수 있다고 했다. 국어 교과서에 나오는 지문의 단락을 나눠, 각 단락의 중심 단어와 중심 내용을 찾는 연습을 매일 하라고 했다. 그러면 눈에 띄게 실력이 좋아진다는 것이다. 그리고 단락의 중심 내용들을 합쳐 이를 아우르는 중심 단어와 중심 내용을 찾아내면 이것이 바로 전체 지문의 중심 내용이라고 알려 주었다.

 수업 총정리★18일

많은 양을 공부하는 것보다 중심 내용을 파악하라!

무엇을 알려 주고자 하는지, 핵심을 파악해야 효율적인 공부가 가능하다. 자주 나오는 개념이나 단어를 중심으로 표나 그림을 활용하여 핵심 내용을 파악한다.

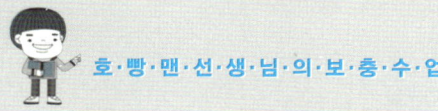

호·빵·맨·선·생·님·의·보·충·수·업

복잡하고 많은 내용의 요점을 빠르게 파악하는 법

두뇌와 학습, 사고 기술에 관한 세계적인 권위자 토니 브잔이 개발한 마인드 맵(Mind Map)은 학습에 매우 유용하다. 마음에 지도를 그리듯이 줄거리를 이해하여 정돈하는 이 방법은 두뇌 활동을 극대화시킨다는 것이 여러 연구를 통해 검증되었다.

많은 내용을 한눈에 알 수 있도록 중심 내용과 부연 설명, 관련 사항 등을 뿌리와 기둥 그리고 뻗어 나간 가지 모양으로 표현함으로서 내용의 체계를 확실히 잡게 되는 것이다.

두뇌는 글자도 그림으로 인식하기 때문에 그림이 훨씬 두뇌에 편하게 다가온다. 따라서 중심 내용을 찾을 때 선이나 표 등 그림을 이용하면 내용이 이미지로 전달되어 보다 쉽게 내용 구조를 파악할 수 있으며 두뇌 학습에 효과적이다. 또한 이때 일어나는 꼬리에 꼬리를 무는 연산 과정은 자연스럽게 두뇌를 발달시킨다.

개념이 도대체 뭐예요?

 호빵맨 선생님이 오늘은 개념에 대해 공부할 거라고 했다. 주변에서 개념이 중요하다고 이야기하는 건 많이 들었지만, 장원이는 사실 개념이 뭔지도 모르겠다. 그냥 중요한 거구나 하고 생각할 뿐이다.
 "하이! 짱원~, 오늘은 왜 이렇게 시무룩해 있어?"
 "아, 그게요. 아무것도 아니에요."
 장원이는 솔직히 이야기하면 선생님이 실망할까 봐 속마음을 숨기며 말했다.
 "하하, 오늘 개념에 대해 공부한다니깐 걱정되나 보구나?"
 "어? 그걸 어떻게 알았어요?"
 "선생님이 도사잖아. 하하~!"
 "선생님, 개념이 도대체 뭐예요?"
 "장원이는 뭐라고 생각하니?"
 "음, 단어 뜻이요?"

선생님은 장원이 말에 고개를 끄덕이며 미소를 지었다.
"그래, 그것도 맞는 말이야. 개념은 내가 어떤 것을 설명하려고 할 때, 그것만이 가지고 있는 고유한 특징, 특성이라고 말할 수 있어. 예를 들어 필통을 떠올려 봐. 필통이 물건을 넣어 가지고 다니는 주머니라고 설명한다면, 어떤 사람은 음식을 넣는 큰 통을 떠올릴 수도 있고, 어떤 사람은 신발을 넣는 주머니를 떠올릴 수도 있어. 하지만 필기도구를 넣고 다니는 작은 주머니라고 한다면 이런 오해를 하지 않겠지? 개념에 대한 정확한 설명과 이해는 아주 중요해."

이렇게 말하며 선생님은 개념을 정확히 이해하고 있지 않으면 내용도 제대로 파악하기 힘들고 문제를 잘못 이해해 오답을 고를 수 있다고 했다. 또한 기본이 되는 개념을 모르니 응용 문제는 더더욱 풀 수 없다고 겁을 줬다. 예를 들면 수학에서 배수의 개념을 정확히 모르면, 최소공배수의 개념도 이해하지 못하며 서로 밀접한 약수와의 차이도 정확히 설명할 수 없다. 즉 개념을 알아야 관련 개념과의 응용이 가능하다는 것이다. 선생님의 설명을 들으면 들을수록 개념이 중요하다는 것이 느껴졌다.

"모든 과목에는 반드시 알아야 하는 개념들이 있어. 그 개념들은 반드시 정리해서 익혀야만 해. 그리고 개념들에는 또 큰 개념과 작은 개념이 있어. 예를 들어 수학에서 '수'에 대해 배우지? 수에는 무엇이 있지? 그래, 1, 2, 3 등의 '자연수'와 1/2, 1/3 등의 '분수'가 있어. 자연수와 분수는 수라는 큰 개념의 작은 개념이라고 할 수 있지. 이해가 가니?"

"네, 알 것 같아요."

"그럼 버스, 자동차, 비행기의 큰 개념은 뭐지?"

"음, 교통 수단이요."

"그래 맞았어! 교과서에서 배우는 주요 단어들이 주요 개념이라고 할 수 있어. 예를 들면 학교에서 지도에 대해서 배웠다면 지도의 개념을 알아야 하겠지. 오늘 무슨 과목을 배웠니?"

"사회랑 수학 또 국어……."

"그럼 사회 시간에 배운 내용 중 떠오르는 단어를 적어 보렴."

1 계절	2 봄	3 여름	4 가을
5 겨울	6 모내기	7 꽃	8 홍수
9 피서	10 추수	11 눈썰매	12
13	14	15	16
17	18	19	20

장원이는 한참을 고민하며 생각나는 것을 적어 보았다.

"많이 적었네. 자, 이 중심 단어들의 공통점이 무엇인 것 같니?"

"사계절이랑 계절마다 하는 일이요."

"응, 그래 맞아. 오늘 배운 사회 교과서를 살펴볼까?"

교과서를 펼쳐 보니 장원이가 오늘 수업한 단원의 제목은 '기후와 생활 - 계절에 따른 조상들의 생활 모습' 이었다.

"어떠니? 네가 적은 중심 단어가 그 단원에서 가르쳐 주고자 하는 것과 똑같다는 것을 알 수 있지?"

"우와~! 정말 그러네요."

장원이는 몇 개의 중심 단어만으로 핵심 내용을 이해할 수 있다는 것이 신기하기만 했다.

"개념을 확실히 이해하며 공부하려면 많은 시간이 필요해. 단순 암기만 해도 좋은 성적을 받을 수 있으니까, 대부분의 친구들이 개념을 이해하기보다 외우려고 하지. 하지만 암기 위주로 공부한 친구들은 학년이 올라가면서 점점 어렵고 많은 내용을 배우게 되면 성적이 흔들리게 돼. 힘들겠지만 개념은 반드시 익히고 넘어가야 해. 이를 위해 자기만의 개념 노트를 만드는 것도 좋은 방법이야."

"개념 노트요?"

"응, 중요한 개념들을 정리해 놓는 거지. 이때도 단순히 교과서나 선생님의 설명을 그대로 베끼는 게 아니라, 충분히 이해한 후 네가 알기 쉽도록 설명을 달아 놓아야 해. 예시를 같이 곁들여 놓으면 더욱 좋아."

분수 수를 나눈 것, 전체 중 부분을 나타낸다. 1/2, 1/3, 3/4과 같은 수를 분수라고 한다.

분수 전체를 몇 등분한 것 중의 일부분을 의미한다. 예를 들어 3/4이라면 전체를 4로 나눈 것의 3개를 뜻한다.

개념 정의만을 적어 놓은 설명

그림 등 예시를 곁들여 자세히 적어 놓은 설명

"어느 쪽이 더 이해가 잘 가니? 그림도 있고 구체적으로 풀어 설명해 놓은 쪽이 분수의 개념을 보다 잘 설명해 주고 있지 않니?"

"정말 그래요."

"개념은 우리가 알고 있는 것과 다를 수도 있어. 정확한 개념의 의미를 이해하게 되면 이를 아주 다양하게 응용할 수 있단다."

선생님은 각각의 개념들을 이해했다면 그 개념들 간의 관계도 알아야 한다고 했다. 그래야 응용력이 생긴다는 것이다.

"아까 개념을 알면 응용력이 생긴다고 했지? 그런데 응용력을 키우기 위해서는 훈련이 필요해. 예를 들어 비유, 은유, 직유 등의 개념을 알았다면 이것들을 아우르는 큰 개념과 서로 어떤 차이가 있는지를 비교, 분석해 보는 거지. 서로 연관된 개념들은 그 차이와 공통점 등에 대해 묻는 경우가 많아. 개념들과의 관계를 표로 만들어 기억해 둔다면 이해력과 응용력이 높아진단다."

선생님은 수학 교과서를 통해 보다 자세히 알려 주었다.

큰 차례	배수와 약수	개념
작은 차례	배수 알아보기	배수
작은 차례	약수 알아보기	약수
		→ 개념의 관계를 비교
작은 차례	공약수와 최대공약수	공약수, 최대공약수
		→ 개념의 관계를 비교

"자, 배수와 약수를 알려 주는 단원에서는 무엇이 주요 개념일까?"

"배수와 약수요."

"그렇지, 그 단원의 핵심 단어가 주요 개념이니까 배수와 약수가 되겠지. 먼저 배수와 약수가 무엇인지 익혀야 해. 그리고 배수와 약수의 관계를 분석하는 거지. 그 후 이와 관련된 작은 개념인 공약수, 최대공약수, 공배수, 최대공배수의 개념들을 이해하고 서로 어떻게 다른지를 익혀야 해. 알겠니?"

선생님은 처음에는 어려워 보이지만, 몇 번 반복하다 보면 익숙해져서 공부의 진짜 재미를 느끼게 해줄 거라고 했다.

 수업 총정리 ★ 19일

용어의 개념을 확실히 이해하라!

일단 큰 개념과 작은 개념을 구별하여 이해한다. 그런 다음 개념 간의 관계를 파악한다. 그림, 도표 등의 예시를 적절히 곁들여 개념 노트를 작성하다 보면 과목의 특성을 알 수 있을 뿐 아니라 응용력도 높아진다.

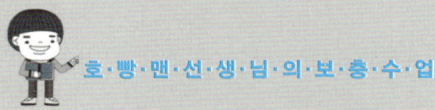
호·빵·맨·선·생·님·의·보·충·수·업

응용력의 바탕이 되는 개념 이해

개념은 인간이 합의한 하나의 약속이다. '모자는 머리에 쓰는 것이다' '신발은 발을 보호하는 것이다.' 등 누구나 동의한 약속이다. 이러한 개념을 정확하게 사용하지 않거나, 잘못 이해하고 있으면 혼란에 빠지게 된다.

개념 노트를 작성하다 보면 과목의 특성을 이해하게 된다. 예를 들어 수학은 수가 조합되는 원리를 이해해야 하며, 과학은 인과 관계의 파악이 중요하다는 것을 알게 되는 것이다.

개념은 사고를 확장하고 응용해 나가는 데 근간이 된다. 따라서 시간을 투자하여 반드시 익혀야 한다.

무조건 많은 책을 읽으면 안 된다고요?

 선생님이 장원이에게 강조하는 것이 몇 가지 있는데, 그중에 하나가 독서다. 독서는 영어, 수학, 과학 그 어떤 공부보다 중요하다고 누누이 강조했다. 그래서인지 장원이는 선생님을 만나고 나서 책 읽는 시간이 많아졌다.
 오늘은 선생님이 어떻게 하면 독서를 잘할 수 있는지 그 방법을 알려 준다고 했다.
 "장원아, 요즘 무슨 책을 읽었니?"
 "지난주에 『어린왕자』를 읽었어요."
 "오, 그래? 잘 됐다."
 선생님이 가방을 뒤지더니 종이 몇 장을 꺼냈다.
 "장원아, 독서를 잘하기 위해서는 너의 머릿속에 있는 생각들을 뽑아낼 수 있는 도구가 있어야 해."
 "도구요?"

"그래, 그것을 맵이라고 해. 이해력을 높이는 맵이지."

"맵……, 지도 말인가요?"

"그렇지. 독서할 때 이 맵을 사용하면 훨씬 효과적인 독서를 할 수 있어. 선생님이 만든 3개의 맵을 가지고 독서 방법을 공부해 보자."

장원이는 선생님이 말한 맵이 무엇인지 궁금해졌다. 선생님은 장원이에게 한 장의 그림을 내밀었다. 첫 번째 맵은 사각형 맵이었다.

"장원아, 가운데 사각형에는 책 제목『어린왕자』를 쓰고 바깥 사각형 안에는 책 내용 중 생각나는 단어들을 쓰는 거야."

장원이는 선생님 이야기를 듣고 떠오르는 것들을 막 적어 넣었다.

"별, 여우, 장미꽃, 그리고 음……."

여우	비행사	사하라 사막
별	어린왕자	양
바오밥 나무	장미꽃	방울뱀
줄거리		

장원이가 적은 것을 보여 주자 선생님은 고개를 끄덕이며 잘했다고

했다. 그런데 이게 끝이 아니었다.

"장원아, 그러면 이번에는 여백에 적은 단어들을 토대로 줄거리를 적어 보는 거야."

그제야 장원이는 아래쪽 여백이 비어 있는 이유를 알 수 있었다. 사각형 맵은 책을 읽고 난 후, 단어를 떠올려 그 단어를 바탕으로 줄거리를 쉽게 정리하도록 돕는 형식으로 구성되어 있었다.

이번에는 선생님이 두 번째 맵을 내밀었다. 바퀴처럼 생긴 맵이었다.

"장원아, 『어린왕자』에서 몇 개의 별이 등장하지?"

"아, 별도 등장하지. 몇 개더라. 다섯 개? 아니 여섯 갠가!"

"일곱 개였어. 이 맵은 구체적인 내용을 묘사할 때 사용하면 좋아."

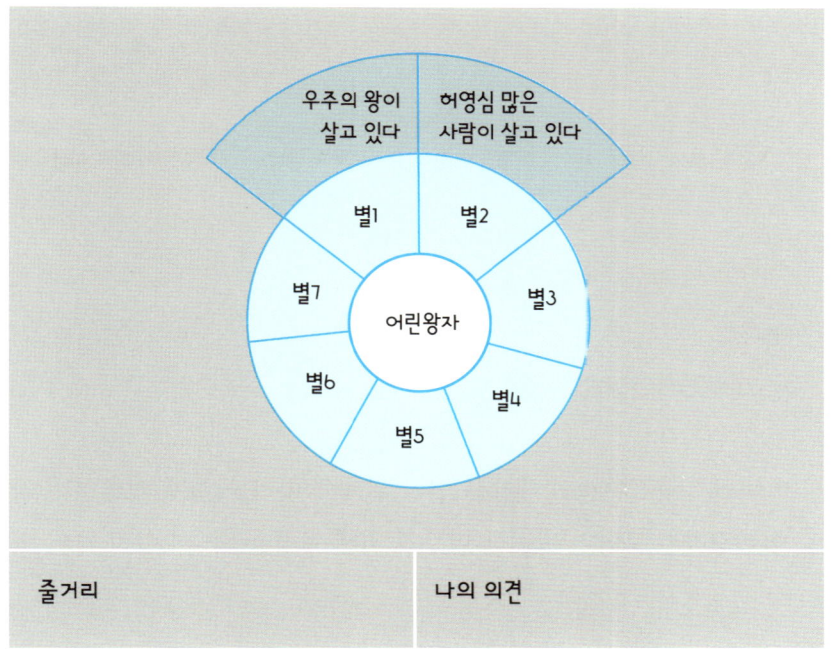

장원이는 선생님이 말한 대로 바퀴 맵을 작성했다. 원 바깥쪽에 선을 이어 첫 번째 별과 두 번째 별에 대해서 간단히 묘사했다. 맵을 사용하니까 머릿속의 생각들이 쏙쏙 튀어나왔다. 정말 신기했다.

이 맵도 마찬가지로 다 채워 넣은 다음에는 아래쪽에 줄거리를 요약하라고 했다. 그리고 앞의 맵과 달리 나의 의견도 같이 적으라고 했다.

장원이는 세 번째 맵이 궁금했다. 선생님이 내민 세 번째 맵은 화살표 맵이었다.

"장원아, 사각형 맵이 일반적인 줄거리를 만드는 맵이라면, 바퀴 맵은 구체적인 사건이나 등장인물을 묘사할 때 쓰이는 맵이야. 세 번째 맵인 화살표 맵은 서론, 본론, 결론의 인과 관계를 파악해 보는 맵이란다."

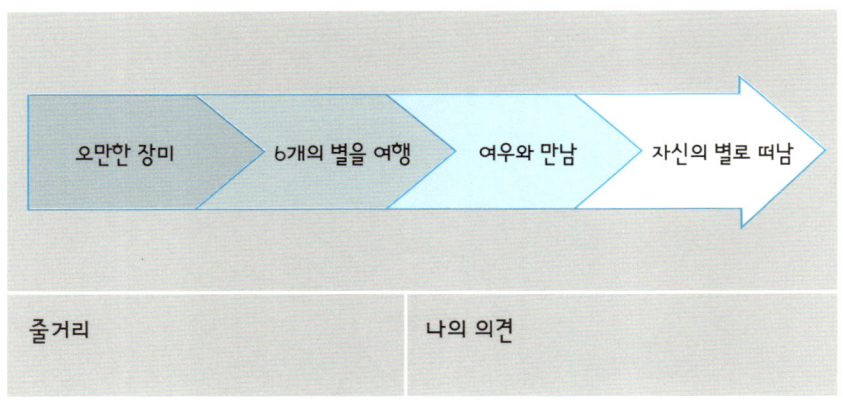

"자 봐봐, 서로 연관된 내용을 인과 관계에 따라 이렇게 정리하는 거야. 어린왕자는 오만한 장미를 벌주기 위해 여행을 떠나잖아. 6개의 별

을 여행하고 일곱 번째 별인 지구에서 여우를 만나게 되지. 그리고 여우를 통해 자신의 별에 있는 장미의 소중함을 깨닫고 다시 돌아가. 또 비행사와 어린왕자가 만나고 헤어진 과정 등을 정리할 수도 있겠지. 전체 내용의 인과 관계를 정리해도 되고, 부분적인 내용의 인과 관계를 정리해도 돼. 원인이 무엇이며 어떻게 전개되어 결말이 났는지를 확인하는 거란다. 그리고 이렇게 인과 관계를 파악한 후 줄거리를 요약하고 의견 적는 것도 빼먹으면 안 돼."

선생님은 장원이에게 독서를 하고 난 다음에는 반드시 이해력을 높이는 맵을 바탕으로 정리해 보는 습관을 들이라고 했다.

1. 편식하지 말자.
2. 읽는 것보다 중요한 것은 이해하는 것이다.
3. 상상하거나 내용을 추가해 본다.
4. 무엇이 중요한 내용인지 생각한다.

"선생님 이게 뭐예요?"
"응, 책을 읽을 때 주의해야 하는 것들이야. 우선 첫 번째, 장원이는 주로 만화로 된 책이나 소설만 좋아하지? 그러면 안 돼. 다양한 분야의 책을 읽어야 해. 그리고 단순히 5권, 10권 읽었다는 사실이 중요한 게 아니라, 1권이라도 얼마나 제대로 이해했는지가 중요해. 그만큼 꼼꼼히 읽어야 하는 거야."
"꼼꼼히요?"

"그래, 소설을 읽는다면 그 인물이 왜 그런 행동을 했을까를 생각해 보는 거지. 그리고 앞으로의 전개를 예측해 보거나 이 부분에서 주인공이 저런 행동을 했으면 더 좋았을 텐데 등 자신의 생각을 더해 가면서 적극적으로 읽으면 이해력이 더욱 좋아져."

"아, 그렇구나. 책도 그냥 읽으면 안 되는구나."

"그래, 그리고 책을 읽으면서 무엇을 말하고자 하는 것인지를 계속 생각해야 해. 두뇌는 자주 생각하는 쪽으로 발달하기 때문에 이런 과정에 익숙해지면 나중에는 저절로 핵심 내용을 파악하게 돼."

선생님이 장원이에게 표를 하나 보여 주었다.

"책을 볼 때 이해가 잘 되는 부분이 있는 반면 아무리 봐도 모르는 부분이 있어. 그 부분이 중요한 내용인지 아닌지를 판단하는 표야. 만약 중요한 내용인데 이해가 잘 안 간다면 아주 주의해서 봐야겠지."

장원이는 표를 유심히 보았다.

	이해가 쉽다	어렵다
중요하다	★	★
중요하지 않다		

"아, 그러니까 이해하기 어렵고 중요한 내용을 더 많이 보라는 얘기네요."

"그렇지. 그리고 보통 이해가 잘 안 가는 부분은 중요한 내용일 때가 많잖아. 이것은 공부할 때도 마찬가지야. 네가 시험에서 틀린 문제들은 바로 그런 내용들을 놓치고 지나갔기 때문이야."

장원이는 선생님 말을 들으면서 자신을 돌아보았다. 그동안 책을 읽을 때나 교과서를 볼 때 이해 안 되는 내용들은 대충대충 읽고 넘어갔다. 문제를 풀다가 이해가 안 되면 대충 답만 확인하고 넘어갔다. 무엇이 중요한 내용인지 파악하며 읽는 건 생각조차 한 적 없었다. 선생님이 말한 대로, 글자만 읽어 왔다는 생각이 들었다. 선생님이 표를 가리키면서 힘주어 얘기했다.

"다시 정리해 보자. 책을 읽을 때는 이해가 먼저야. 이해가 안 되면 어떻게?"

"끝까지 해결한다."

"그렇지. 이해를 했으면 그다음에는 중요한 내용이 무엇인지 파악하고. 알았지?"

"네!"

장원이는 이제야 표의 의미가 한눈에 이해되었다.

선생님은 이 표를 자주 들여다보라고 했다. 단순해 보이지만 공부의 중요한 원리가 들어 있다고 덧붙였다.

수업 총정리 ★ 20일

1권을 읽더라도 충분히 이해하며 읽어라!

많이 읽는 것보다 어떻게 읽느냐가 중요하다. 사각형 맵, 바퀴 맵, 화살표 맵 등을 이용해서 책의 내용을 제대로 이해해야 한다. 그 이해를 바탕으로 주요한 내용을 찾고 사고를 전개하는 습관을 가지도록 한다.

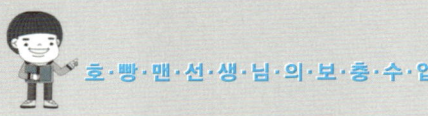
호·빵·맨·선·생·님·의·보·충·수·업

우등생들이 시험 문제를 미리 알고 있는 이유

성적이 좋은 아이들은 이렇게 이야기한다.

"교과서와 문제집에 시험 문제와 답이 다 나와 있는데 틀리는 것을 보면 이해가 안 돼요."

그 아이들에게는 무엇이 중요하며 시험에 나올지 보인다는 말이다. 똑같은 교과서를 보더라도 이런 차이가 나는 이유는 내용을 이해하고 주요 내용을 간추려 내는 능력 때문이다.

이러한 능력은 단숨에 습득할 수 있는 것이 아니다. 평소 책을 읽을 때 깊이 있게 생각하고 주요 내용을 찾아 정리하는 습관을 들여야 한다. 책 읽는 습관을 바꾸면 보이지 않던 것까지 볼 수 있다.

독서와 시냅스의 관계

뇌세포에는 시냅스가 몇 개나 붙어 있을까? 사실 어른과 초등학생의 뇌세포 수는 별 차이가 없다. 단지 시냅스 수에서 차이가 난다. 뇌세포가 1,000억 개라면 시냅스 수는 500~1,000조 개 정도 된다. 하나의 뇌세포에 시냅스가 많이 붙어 있을수록 좋다. 시냅스 수를 늘리는 방법 중에 독서만큼 좋은 것은 없다. 그래서 독서를 많이 한 학생이 학습 능력도 뛰어나고 이해력이 높은 것이다. 중요한 것은 내용을 제대로 이해하며 읽어야 시냅스가 튼튼하고 두꺼워진다는 것이다.

5장
장원이, 두뇌 스피드를 높이다!
숨은 잠재 능력을 깨워 두뇌 스피드를 높인다

21일 머리가 핑핑 돌아요!
보충 수업 두뇌 스피드에 영향을 미치는 요인들 /
자신의 기분에 따라 기억하는 정보가 달라진다

22일 선생님, 이게 정말 제 성적인가요?
보충 수업 틀린 문제를 또 틀리는 이유

23일 나만의 문제집을 찾았어요!
보충 수업 많이 틀려도 괜찮은 이유 '비상 시냅스'

24일 나도 초능력자가 될 수 있어요!
보충 수업 잠재 능력은 어디서 나올까?

25일 잠재 능력아, 깨어나라!
보충 수업 상상을 뛰어넘은 상상의 힘 /
과목별 상상 훈련법

잠재 능력은 저절로 드러나는 것이 아니라 훈련과 계발을 통해 이끌어내는 것이다. 잠재 능력에 필요한 여덟 가지 기본 조건을 갖춘 후, 문장 줄이기·늘이기, 강력한 상상 등의 훈련을 통해 두뇌 스피드를 향상시키고 잠재 능력을 계발할 수 있다.

21일 머리가 핑핑 돌아요!

 장원이는 무슨 일을 하든 느리다. 항상 주변 사람들한테 "제발 빨리 좀 해라."라는 이야기를 듣는다. 글을 읽는 속도도 느리고 암기하는 데도 많은 시간이 걸린다. 그래서인지 시험을 볼 땐 항상 시간이 부족하고, 아무리 오랫동안 공부해도 공부량이 줄지 않는다. 선생님은 장원이의 이런 문제를 정확히 파악하고 있었다. 장원이의 집중력, 자신감, 기억력 등이 좋아지고 있는 만큼, 두뇌 스피드를 높여 주는 훈련을 할 때가 되었다고 생각했다.

문장아, 늘어나라! 줄어들어라!
 "오늘은 두뇌 스피드를 높이는 훈련을 하려고 해."
 "네? 느린 저도 빨라질 수 있나요?"
 "물론이지. 두뇌 스피드를 키우면 문제 해결 능력도 향상되고 문제 푸는 시간도 단축돼. 그럼 이제부터 훈련을 해볼까? 국어 교과서를 꺼내 보렴."

"국어 교과서요? 여……여기요."

선생님은 국어 교과서에 나오는 작품 중에 하나를 읽고 줄거리를 한 페이지로 줄여 보라고 했다. 그 다음에는 한 페이지를 절반으로 줄이고, 또 그 다음에는 세 문장으로 마지막에는 한 문장으로 만들어 보라고 했다.

"이 방법은 반복적으로 문장의 핵심 내용을 요약하는 과정을 통해 두뇌를 발달시키는 거야. 마지막에 한 줄로 줄인 문장이 글의 주제와 같으면 성공적으로 요약했다고 할 수 있지."

선생님은 이렇게 줄일 수 없을 때까지 같은 내용을 줄여 가는 훈련을 통해 두뇌 스피드를 높일 수 있다고 했다.

"같은 내용을 여러 번 줄여 가다 보면 미에린초의 분비가 늘어 시냅스가 두꺼워지면서 두뇌 스피드가 높아져. 한번 해볼까? 첫째마당에 나오는 〈우리들의 일그러진 영웅〉을 읽어 보렴."

"네."

몇 분이 흐른 후 "이해 안 가는 부분이 있니?" 하고 선생님이 물었다. 장원이가 "아니요. 학교에서도 배웠고 수업 일기도 썼던 거라 이해가 잘 돼요."라고 대답하자 한번 정리해 보라고 했다. 장원이는 선생님의 설명을 떠올리며 요약해 보았다.

> 서울에서 학교를 다니던 병태가 시골 학교로 전학을 갔다. 새로운 학교에서는 알 수 없는 일들이 많았다. 점심시간이 되면 아이들은 엄석대라는 반장에게 맛있는 것을 모두 가져다주었다. 신기한 물건은 모두 엄석대에게 뺏겼다. 병태는 반에서 일어나는 일들을 선생님께 말씀드렸다.
> 선생님은 아이들에게 종이를 나눠 주며 나쁜 짓을 한 친구의 이름을 적으라고 했다. 하지만 엄석대를 적을 수 없었던 아이들은 한병태를 적어 냈다. 엄석대를 적은 사람은 병태뿐이었다. 그 후 병태는 반에서 왕따를 당했다. 얼마 후 병태는 석대 밑으로 들어가 많은 힘을 누리게 되었다.
> 6학년이 되어 담임 선생님이 바뀌었다. 석대가 대리 시험으로 그동안 1등 해왔다는 것이 발각됐다. 그동안 저지른 행위들이 드러나 석대는 학교를 그만뒀다. 그후 반 아이들은 석대와 마주칠 때마다 맞서 싸웠다. 선생님은 그런 아이들에게 공책을 주며 칭찬해 주었다.
> 그 후 수십 년이 흘렀다. 학교 동창들이 석대가 큰 인물이 되었다고 했다. 하지만 병태는 엄석대가 경찰에게 끌려가고 있는 모습을 보았다.

"아주 잘했어. 긴 내용을 줄이기란 대단히 힘들지? 이번에는 이것을 반으로 줄여 볼까?"

장원이는 머리를 긁적이며 줄거리를 줄여 나갔다. 이번에는 전보다 2배의 시간이 걸렸다. 내용 줄이기를 끝낸 장원이의 얼굴은 벌겋게 상기되어 있었다.

> 서울에 살던 병태가 시골 학교로 전학을 갔다. 그곳에서 병태는 반에서 엄석대의 위치가 대단한 존재임을 알았다. 엄석대의 나쁜 짓을 선생님에게 알렸지만 실패로 돌아갔다. 나중에 병태는 엄석대 밑으로 들어가 많은 힘을 누렸다.
> 6학년이 되어 새로운 담임 선생님을 만났다. 엄석대의 나쁜 짓이 모두 드러나면서 석대는 학교를 떠났다. 시간이 흘러 어른이 되었다. 친구들은 엄석대가 큰 인물이 되었다고 했다. 그러나 병태는 석대가 경찰에게 끌려가는 모습을 봤다.

"이야, 장원이가 선생님이랑 주요 내용을 찾는 연습을 하더니 엄청 잘하는구나. 이번에는 또 반으로 줄여 볼까?"

이번에는 시간이 좀 더 걸렸다. '이것도 중요한 것만 모아 놓은 것인데 무엇을 빼야 하지? 무슨 내용이 꼭 들어가야 할까?' 등을 생각하며 요약해 나갔다. 모든 문장이 중요하게 느껴져서 쉽지가 않았다.

> 시골로 전학 온 병태는 반에서 엄석대가 막강한 힘을 가진 아이라는 사실을 알았다. 처음에는 그런 엄석대에게 도전했지만 실패하고 그 밑으로 들어갔다. 새로운 6학년 담임 선생님에게 그동안 나쁜 짓이 모두 탄로 나면서 엄석대는 학교를 나갔다. 병태는 어른이 되어 경찰에게 끌려가는 석대를 봤다.

"그렇지, 그럼 이것을 한 문장으로 정리해 보렴."

"무엇을 가장 얘기하고자 하는지에 집중해야 해. 그러면 조금 쉬울 거야."

> 시골로 전학 간 병태는 나쁜 짓을 일삼는 엄석대에게 대항하다 결국 같은 편이 되지만 모든 비리가 탄로나면서 엄석대는 학교를 그만두고 어른이 되어 경찰에게 잡혀 가는 모습을 보게 된다.

장원이는 마지막 문장을 힘들게 만들었다. 한 문장으로 만드는 것이 쉽지 않았다. 그런데 하다 보니 한 페이지가 한 줄이 되어 있었다. 장원이는 자기가 해놓고도 믿기지 않았다. 장원이는 머릿속에 몇 개의 터널이 뻥뻥 뚫린 듯한 느낌을 받았다.

"어때? 한 작품을 4번에 걸쳐 주요 내용만 추려 나갔어. 글을 줄여 나가는 건 보통 일이 아니야. 길이는 짧아도 내용은 같아야 하기 때문에 머리를 걸레 짜듯이 쥐어짰을 거야. 이렇게 핵심 내용을 추리고, 짧은 문장으로 핵심을 압축시켜 나가다 보면 두뇌 스피드가 높아진단다. 자주 연습할수록 좋아. 알았지?"

자신감이 붙은 장원이가 "네!" 하고 크게 외쳤다.

"자, 이번에는 문장과 대화를 나누어 볼까?"

장원이는 선생님이 자기를 놀린다고 생각했다. 문장과 대화를 나누라니, 말이 되는 소리인가? 선생님은 장원이의 황당해하는 표정을 무시하고 영어 문장을 보여 주었다.

〈원문〉
A group of boys were playing beside a pond. Soon they became bored. Suddenly one boy pointed at the pond. "Frogs! let's throw stones at them." All the boys jumped up and began throwing stones at the frogs.

〈해석〉
한 무리의 아이들이 호수 옆에서 놀고 있었다. 곧 그들은 지루해졌다. 갑자기 한 아이가 호수를 가리켰다.
"개구리다! 쟤들한테 돌을 던지자!"
모든 아이들이 벌떡 일어서서 개구리들에게 돌을 던지기 시작했다.

"이 방법도 영어를 공부할 때 활용하면 좋아."

궁금증을 참지 못한 장원이가 "도대체 어떻게 대화를 나누라는 거예요?" 하고 물었다.

"이 말이 어색했나 보구나. 각 문장 앞뒤로 전체 내용에 상관없이 새로운 내용을 상상해서 적어 보라는 뜻이야."

선생님은 앞서 보여 준 문장을 보면서 예를 들어 주었다.

A group of boys were playing beside a pond.

"자, 이 문장을 보고 상상을 해보렴. 아무거나 좋아."

"음, 소년들은 부모님과 함께 놀러 왔다?"

"그리고 또? 더 말해 봐."

"또요? 아……, 연못은 깊고 깨끗했다."

"응, 좋아. 몇 문장을 상상해 앞뒤에 붙이는 거야. 영어로 하면 더욱 좋아. 지금은 이 훈련 자체가 어색할 테니 우선은 우리말로 연습하도록 해. 몇 번해서 익숙해지면 영어로 문장을 붙여 보도록 하자."

"네!" 장원이는 지금 당장 영어로 바꿔 보라고 할까 봐 얼른 크게 대답했다.

"어디 한번 만들어 봐."

한참을 고민하며 무언가를 쓰던 장원이가 선생님에게 종이를 내밀었다.

Soon they became bored.

그래서 다른 놀이를 찾았다. 한 친구는 집에 들어가 컴퓨터 게임을 하자고 했고, 한 친구는 연못에 돌을 던지자고 했다.

Suddenly one boy pointed at the pond.

모두 연못을 바라보았다. 연못에서 보글보글 거품이 올라왔다. 모두 겁에 질렸다. 갑자기 이상한 괴물이 솟아올랐다. 너무 놀라 모두 도망쳤다.

"하하, 장원이다운 상상이구나. 처음 하는 것치고 아주 잘했어. 대충 눈치 챘겠지만, 이것은 문장을 늘려 가는 훈련이야. 이를 통해 두뇌 스피드를 높이는 거야. 장원이는 평소에도 상상력이 풍부하니깐 이 방법이 더 잘 맞을 거야."

"네, 처음에는 걱정했는데 해보니 너무 재미있어요."

"응, 맞아. 끊임없이 문장에 말을 걸며, '이 다음에 무슨 내용을 넣으면 재미있을까? 왜 이런 일이 생긴 걸까?' 하고 생각해 보게 되지?"

"네! 맞아요. 그래서 문장과 대화하라고 하신 거죠?"

"그렇지! 좀 익숙해지면 영어로 작문해야 한다는 것도 까먹으면 안 돼겠지?"

"아, 네."

장원이는 선생님이 까먹었으면 하고 바랐는데 기대가 무산되자 크게 실망했다. 선생님은 이렇게 하면 영어 사고력이 생겨 영어 실력도 늘고 두뇌 스피드도 높일 수 있으니 꼭 하라고 당부했다.

째깍째깍! 정해진 시간 내 문제를 풀어 봐

선생님은 왼손으로 글을 써보라고 했다. 오른손은 좌뇌, 왼손은 우뇌와 연결되어 있어 오른손을 쓰면 좌뇌가 발달하고 왼손을 쓰면 우뇌가 발달한다는 것이다. 우리는 평소에 오른손을 많이 쓰니까 일부러 왼손으로 글을 써서 우뇌를 발달시키면 좌뇌와 우뇌가 골고루 향상되어 두뇌 스피드가 높아질 거라고 설명했다.

"왼손으로 글씨를 쓰려니 생각보다 어렵네요."

"왼손은 네가 평소에 잘 사용하지 않기 때문에 오른손만큼 자유롭게 움직일 수 없을 거야. 하지만 꾸준히 연습하다 보면 조금씩 나아진단다."

그리고 선생님은 장원이의 부족한 시험 시간을 단번에 해결해 주겠다며 가방에서 초시계를 꺼냈다. 자신만만한 선생님의 표정에 무언가 엄청난 게 나올 줄 알았던 장원이는 엄청 실망했다.

"어? 장원이, 이게 이래 보여도 얼마나 효과적인데 그래~!"

"흠, 초시계가 저의 문제 푸는 속도를 높여 준다고요?"

선생님은 "그럼~!"이라고 외치며 초시계를 사용한 공부법을 알려 주었다.

1. 문제집을 풀기 전에 몇 분 동안 풀 것인지를 정한다.
2. 초시계를 목표 시간만큼 설정한다.
3. 문제를 풀기 시작하는 동시에 초시계를 누른다.
4. 초시계가 울리면 문제 풀기를 멈춘다.

"수학 문제 10개를 푼다고 해보자. 한 문제당 2분씩 해서 총 20분 정도로 시간을 맞춰 놓고 문제를 푸는 거야. 그리고 20분 후 초시계가 울리면 다 못 풀었어도 그만 풀고 채점을 하는 거지."

"다 못 풀어도 돼요? 그럼 못 푼 문제는 어떻게 해요?"

"그 문제는 다음에 공부할 때 다시 풀면 되지. 중요한 것은 정해진 시간을 인식하며 문제를 푸는 거야. 시간이 정해져 있다는 생각에 평소보다 집중해서 공부하게 되거든. 한번 해보자꾸나."

장원이는 선생님의 설명대로 초시계를 맞춰 놓고 문제를 풀기 시작했다. "띠띠띠!" 갑자기 울리는 시계 소리에 화들짝 놀랐다. 문제를 반도 못 풀었는데 시간이 다 되었다.

"장원아, 선생님이 뭐라고 했지? 시간을 인식하며 풀라고 했지? 시계만 맞춰 놓고 평소 네가 하던 대로 문제를 풀면 안 돼. 시간이 없다는 것을 염두에 두고 문제를 풀어야 해. 그래야 너의 두뇌가 위기 상황이라고 인식하여 엄청난 집중력을 발휘하게 되거든."

선생님은 처음부터 무리해서 문제 푸는 시간을 너무 짧게 잡는 것보다 조금씩 그 시간을 줄여 가는 것이 좋다고 했다. 그리고 이 방법은 영어 단어 등을 외울 때도 아주 효과적이라고 했다.

 수업 총정리 ★ 21일

문제 푸는 속도를 높이려면 두뇌 스피드를 잡아라!

평소 안 쓰는 손을 사용하고 초시계로 시간을 한정하고, 문장을 줄이거나 늘리는 훈련은 미에린초의 분비를 늘리고 시냅스를 두껍게 하여 두뇌 스피드를 높인다.

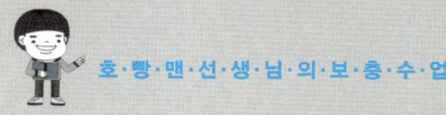

두뇌 스피드에 영향을 미치는 요인들

소시지 모양의 두꺼운 시냅스와 얇은 시냅스는 정보를 전달하는 빠르기에서도 차이가 난다. 뇌세포는 세 부분으로 나뉘어 있는데 정보를 받아들이는 '수상돌기', 받아들인 정보를 처리하는 '세포체', 처리된 정보를 다른 뇌세포에 전달하는 '축색돌기'가 바로 그것이다. 축색돌기와 수상돌기가 만나는 곳에서 정보 교환이 이루어진다. 그 부분을 시냅스라고 부른다.

반복적으로 공부할 때마다 축색돌기에서 미에린초가 나와서 시냅스 가지를 두껍게 한다. 그럴수록 기억력이 좋아지며 두뇌 스피드가 높아진다. 즉 공부한 내용을 처리하는 속도가 빨라지는 것이다. 얇은 시냅스에서는 다섯 걸음으로 가는 거리를 두꺼운 시냅스에서는 한 번에 뛰어서 도약한다고 생각하면 된다.

같은 내용을 여러 번 반복하여 요약해 나가는 동안 시냅스의 가지는 점점 두꺼워진다. 문장을 늘려 나가는 것도 마찬가지다. 각 문장과 연관된 상상을 하는 사이 시냅스 가지들이 계속해서 뻗어 나온다. 이러한 훈련들은 행간의 뜻을 이해하는 힘까지 길러 주어 시냅스의 가지들을 더욱 두껍게 한다.

소시지 시냅스에서 공부한 내용이 도약해 가는 모습

자신의 기분에 따라 기억하는 정보가 달라진다

기분이 좋으면 좋을수록 우리 인체는 몸에 좋은 호르몬을 분비한다. 우리가 잘 알고 있는 엔도르핀을 비롯하여 병균을 막는 항체인 '인터페론 감마'의 분비를 증가시켜 바이러스에 대한 저항력을 키워 준다. 또한 세포 조직의 증식에도 도움을 준다. 깊은 감동을 받았을 때는 엔도르핀보다 5,000배 강력한 다이드로핀(감동 호르몬)이 분비된다고 한다.

수많은 연구를 통해 이러한 호르몬들은 학습 의욕을 높여 주고 기억력을 증진시킨다는 것이 밝혀졌다. 기분이 좋은 상태에서 공부를 하면 면역력이 증가될 뿐 아니라 두뇌 스피드가 빨라져 기억력도 높아진다는 것이다.

듀크 대학의 바우어 박사의 실험은 감정이 기억에 미치는 영향에 대한 새로운 사실을 알려 준다. 그는 실험자들을 두 그룹으로 나눠, 같은 단어들을 암기하도록 했다. 이때 한 그룹은 행복한 기분을, 다른 그룹은 슬픈 기분을 느끼도록 조작한 후, 두 그룹이 외운 단어를 비교했다. 그 결과 놀랍게도 행복한 그룹의 사람들은 즐겁고 사랑스런 단어들을, 슬픈 그룹의 사람들은 어둡고 우울한 단어들을 잘 기억한다는 사실을 발견했다. 즉 자신의 현재 기분과 일치하는 정보를 잘 기억한다는 것이다.

선생님, 이게 정말 제 성적인가요?

집으로 돌아온 장원이는 방의 불도 안 켜고 멍하니 책상에 앉아 있었다. 오늘은 얼마 전 본 시험의 성적표가 나오는 날이다. 엄마는 장원이의 성적이 너무 궁금했지만 장원이의 심상치 않은 행동에 기대를 접기로 했다.

"장원아? 불도 안 켜고 뭐 해?"

"아, 서……선생님?!"

"너 무슨 일 있니? 평소랑 다른데? 왜 성적이 별로 안 좋았어?"

"그, 그게요." 하며 장원이가 성적표를 내밀었다. 장원이 어머니한테 살짝 귀띔을 받은 상태라 '뭐라고 위로해야 하나.' 하고 고민하고 있던 선생님은 눈이 휘둥그레졌다.

"아니, 장원아! 성적이 엄청 올랐네?! 이야~! 열심히 하더니! 아하하~!"

선생님의 웃음소리에 장원이의 방에 귀를 쫑긋 세우고 있던 엄마도 뛰어 들어와 성적표를 보았다. 성적표를 본 엄마는 너무 놀라 잠시 멍해 있다가 외쳤다.

"우리 장원이가 해낼 줄 알았어~! 그러게 머리가 나쁜 게 아니라고 했잖아. 우리 장원이는 역시 천재인가 봐~! 아빠한테 얼른 전화해서 알려드려야겠다."

엄마는 신이 나서 방을 황급히 나갔다. 그런데 정작 당사자인 장원이는 웃지도 않고 계속 멍하다.

"선생님, 이거 제 성적표 맞나요? 제가 이렇게 잘 볼 리가 없는데. 이상해요."

"그래서 계속 멍한 거야? 이거 장원이 성적표가 맞아. 지금까지 선생님하고 열심히 공부하면서 두뇌 훈련을 했잖아. 그 성과가 나온 거야. 이것 보렴. 장원이 머리도 충분히 1등 머리잖아. 그동안 네가 가진 두뇌 능력을 활용하고 향상시키는 법을 몰랐을 뿐이란다. 앞으로는 점점 더 좋아질 거야. 벌써부터 기대되지?"

선생님의 이야기에 장원이는 그제야 신이 나서 헤벌쭉 웃었다.

"장원아 그럼 시험지를 다시 볼까?"

"네? 이미 본 시험지를 왜 봐요?"

"시험은 결과도 중요하지만, 네가 무엇을 틀렸는지, 왜 틀렸는지를 확인하는 것도 중요해. 그래야 다음에 네가 또 똑같은 실수를 하지 않도록 방지할 수 있거든. 이것을 시험지 분석이라고 한단다."

선생님은 틀린 문제를 통해 장원이의 약한 부분을 알 수 있다고 했다. 오답을 확인하여 자신의 취약점을 깨닫고 이 부분을 연습해 두지 않으면 앞으로 더 좋은 성적을 받을 수 없다고 강조했다. 그리고 표가 그려져 있는 종이를 장원이에게 보여 주었다.

틀린 문제 분석지

학교	한국초등학교	날짜		이름	왕장원	시험	1학기 성취도평가시험
번호	틀린 문제			문제분석			
	틀린 문제를 적는다.			해결 과정 + 정답 + 틀린 이유(몰랐다, 이해가 부족했다, 헷갈렸다, 실수였다 등 정확하고 자세하게 적어 넣는다.)			

"번호 칸에는 틀린 문제의 번호를 적고, 그 옆의 칸에는 왜 틀렸는지를 분석한 후, 올바른 풀이 과정과 답을 적어 놓으면 돼. 이렇게 틀린 문제를 분석하여 과목별로 묶어 두면 시험 보기 전에 다시 한 번 쉽게 정리할 수 있어."

선생님은 이때 중요한 것은 왜 틀렸는지를 분석하는 것이라고 설명했다. 예를 들어 식은 맞았는데 답이 틀렸다면 계산 과정에서 틀린 것이니, '계산 실수'라고 적어 놓는 것이다. 그리고 왜 계산을 실수했는지까지 고민해 보라고 했다. 자연수 계산은 별로 안 틀리는데 분수 계산에서 많이 틀린다면 분수 개념이 약하다는 것을 알 수 있다는 것이다.

"이게 쉬워 보여도, 처음부터 혼자 하기는 힘들어. 다음 시간에 문제집을 효율적으로 사용하는 방법을 배우면서 함께 연습해 보도록 하자꾸나. 그리고 오늘 시험에서 틀린 문제는 선생님이랑 점검해 보도록 하자."

🎓 수업 총정리 ★ 22일

시험을 본 후 틀린 문제를 분석하는 습관을 들여라!

시험을 통해 자신의 실력을 평가할 수 있다. 시험에서 틀린 문제의 원인을 분석하면 자신의 취약점도 파악할 수 있다. 그리고 이 부분을 집중 공부해 두면 성적을 향상시킬 수 있다.

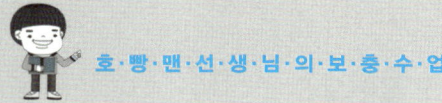
호·빵·맨·선·생·님·의·보·충·수·업

틀린 문제를 또 틀리는 이유

최근 연구에 의하면, 실수를 통해 배우는 것이 아니라 실수를 통해 또다시 실수하는 법을 배운다고 한다. 실수를 하면 두뇌에 실수 회로가 생성된다. 이로 인해 같은 문제나 비슷한 문제를 풀면 실수 회로가 작동하여 똑같은 실수를 하게 된다는 것이다.

이를 막기 위해서는 틀린 문제를 계속 풀면서 올바른 회로를 만들어야 한다. 이때의 시간을 '오류 학습 시간'이라고 한다. 이때 왜 틀렸는지를 소리 내어 말하거나 풀이 과정을 몇 번이고 반복하면 더욱 효과적이다.

나만의 문제집을 찾았어요!

장원이의 집에는 문제집이 많다. 하지만 다 푼 문제집은 한 권도 없다. 처음 몇 장만 조금 풀다 만 것들이 대부분이다.

"장원아, 문제집은 누가 고르니?"

"주로 엄마가 사다 줘요. 엄마가 서점 가서 직접 골라 주기도 하고 주변에서 좋다고 하거나 유행하는 문제집 위주로 사주세요."

"그렇구나. 앞으로는 문제집을 장원이가 직접 고르도록 해. 공부는 누가 하지?"

"네? 그야 당연히 저죠."

"그럼 네가 마음에 드는 문제집으로 사야겠지? 네 마음에 드는 것으로 고르는 거야. 그래야 공부가 잘 돼."

"전 그림이 잔뜩 들어가 있는 게 좋아요. 읽을거리도 많고요."

"그래, 그렇게 네가 좋아하는 문제집을 찾아보는 거야. 그리고 네 수준에 맞는 문제집을 고르도록 해."

"제 수준이요? 전 공부를 못하니깐 제일 쉬운 걸로 사면 되겠네요?"

"문제집마다 난이도가 조금씩 달라. 아무 문제집이나 마음에 드는 문제집을 골라 한 10문제 정도 풀어 봐. 그중 7~8개 정도 맞는 문제집을 고르면 돼. 그게 너의 수준에 딱 맞는 문제집이야."

선생님은 장원이의 집에 문제집이 많으니, 방금 설명한 것을 기준으로 장원이에게 맞는 문제집을 찾아보도록 했다. 시간이 좀 지나 장원이가 수학 문제집 몇 권을 골라냈다. 그러자 선생님이 몇 페이지를 풀어 보라고 했다.

"자, 시간 됐다! 어디 채점을 해볼까? 응? 그런데 장원아 풀이 과정을 제대로 볼 수가 없네."

"아, 제가 여기저기 풀어서요."

"문제를 푸는 것도 중요하지만 더 중요한 건 풀이 과정이야. 그래야 네가 왜 틀렸는지, 어디에서 실수가 있었는지를 알 수 있거든."

채점을 해보니 생각보다 정답이 많았다. 장원이는 자신도 모르게 함박웃음을 지었다.

오답 풀이

문제	풀이 과정
	틀린 이유
〈출처 : 〉	

"잘 풀었구나. 틀린 문제는 알기 쉽도록 문제집에 표시해 놓고 왜 틀렸는지 분석해서 정리해 보렴. 어제 시험 문제도 분석해 봤으니까, 혼자 해볼 수 있겠지?"

선생님이 어제와 다른 용지를 주며, 어떤 형식으로 써도 상관없지만 기본적으로 이런 틀을 바탕으로 틀린 문제를 분석해서 정리해 놓으면 좋다고 했다. 잠시 후 장원이가 정리해 놓은 틀린 문제를 보며 선생님이 말했다.

"틀린 문제를 분석하다 보면 네가 놓치고 있는 개념과 원리를 알 수 있단다. 또 어디에서 틀렸는지 반드시 적어 놓아야 해. 교과서 어느 부분인지, 어떤 문제집인지 말야. 교과서 문제를 틀렸으면 교과서라고 적고 그 옆에 페이지를 적어 놓으면 돼. 문제집일 때는 무슨 문제집의 몇 페이지라고 적어 놓으면 되고. 그래야 나중에라도 어느 교재에, 어떤 단원의 문제인지를 확인할 수 있으니까. 이해되니?"

"네."

"그리고 내일 또 한 번 더 풀어 봐."

"네? 푼 문제를 또 풀어요?"

"그래. 틀린 문제를 다시 복습하는 거야. 그리고 오늘 맞혔던 문제도 내일은 틀릴 수도 있으니까 꼭 다시 풀어 보는 게 좋아."

선생님은 틀린 문제는 문제집에 작대기 표시(/)를 해놓고, 다음 날 다시 문제를 풀었을 때 틀렸던 문제를 맞혔으면 틀린 작대기 표시를 반 동그라미(△) 표시를 해놓고, 또 틀렸으면 엑스(×) 표시를 해놓으라고 했다. 그리고 도저히 이해가 안 되는 문제에는 물음표를 달아 놓고 며칠 동안 들여다봐도 모를 때에는 학교나 학원 선생님에게 물어봐야 한다고 했다.

"그런데 똑같은 문제를 여러 번 풀 때 매번 똑같은 방법으로 풀어서는 안 돼. 다른 방법은 없는지 궁리하며 풀어야 해. 문제를 푸는 것은 답을 찾기 위해서이기도 하지만 문제를 푸는 과정을 통해 문제 해결력과 사고력을 키우기 위해서거든. 이는 두뇌 계발에 대단히 좋아."

그리고 선생님은 틀린 문제를 따로 정리해 두는 게 힘들면 문제집 자체를 오답 노트로 만들어도 좋다고 설명했다. 틀린 문제 옆에 포스트잇을 이용하여 풀이 과정과 틀린 이유를 써서 붙이는 것이다. 그리고 나중에 다시 그 문제를 완벽하게 풀 수 있게 되면 포스트잇을 떼어 버리고, 그렇지 않으면 새로 풀어 정리해 놓은 포스트잇을 붙이라고 했다.

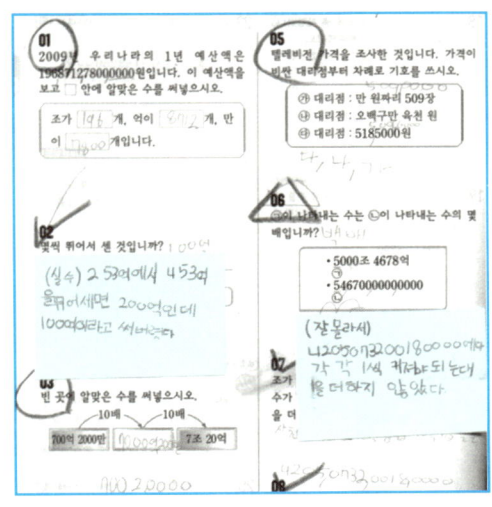

문제집에 오답을 분석해 붙여 놓는 활동은 문제집에 대한 애착을 주어 공부 효율을 높여 준다.

장원이도 문제집에 직접 오답을 정리해 두는 편이 괜찮아 보였다. 따로 정리하는 건 너무 힘들다.

여기서 끝난 줄 알았는데, 선생님은 문제집을 활용한 공부법이 한 가지 더 남았다며 잘 듣고 실천하라고 했다.

"좀 더 효과적으로 문제집을 이용하려면, 틀린 문제에 해당하는 교과서 부분을 찾아서 교과서에 메모해 두는 거야. 이 부분을 몰라서 틀렸다거나, 문제집에 자주 등장하는 것 같다거나 이런 식으로 말이지."

선생님은 이렇게 말하며 문제집에서 강조하거나 자주 등장하는 내용에는 별표를 하고, 틀린 문제에 해당하는 내용에는 샵(#) 표시를 하는 등 서로 다르게 표현해 두라고 설명했다.

"아, 그렇게 해놓으면 나중에 교과서를 볼 때, 이 부분이 틀렸었다는 것을 알고 유심히 볼 수 있겠네요?"

"그렇지. 그래서 나만의 기호를 잘 표시해야 하는 거야."

"이때 기호는 굳이 별, 샵이 아니어도 괜찮아. 네가 하고 싶은 표시를 해두면 돼."

"모든 과목을 이렇게 하나요?"

"그래. 모든 과목을 이렇게 해놓으면, 시험 준비할 때 도움이 많이 돼. 어느 부분에서 많이 틀렸는지, 무엇이 중요한지 한눈에 들어오거든."

그러면서 선생님은 국어 교과서의 한 부분을 예시로 보여 주었다. 장원이는 그동안 문제집은 풀고 채점하면 끝이라고 생각했다. 그런데 선생님의 설명을 듣고 나니, 문제집을 통해 자신의 약점도 알 수 있고, 어떤 내용이 중요한지도 파악할 수 있음을 깨달았다. 게다가 교과서와 문제집을 접목시킬 수 있다는 것도 너무 신기했다.

 수업 총정리 ★ 23일

자신에게 잘 맞는 문제집을 골라 여러 번 풀어라!

자신에게 맞는 문제집을 골라 시간을 정해 놓고 풀어 본다. 틀린 문제는 왜 틀렸는지를 그 출처와 함께 정리해 놓는다. 그리고 다음 날 어제 풀었던 문제들을 새로운 풀이 방법을 생각하며 풀어 본다.

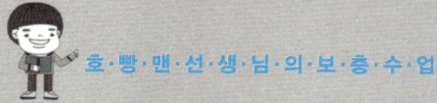
호·빵·맨·선·생·님·의·보·충·수·업

많이 틀려도 괜찮은 이유 '비상 시냅스'

우리 몸은 만일의 경우를 대비할 수 있도록 조직되어 있다. 척추나 경추를 봐도 똑바른 것이 아니라 충격에 견딜 수 있도록 S 형태, 타원 형태로 되어 있다. 태어날 때부터 위기 상황에 대처할 수 있도록 유연성의 성질을 타고나는 것이다.

두뇌도 마찬가지다. 두뇌에서 시냅스는 일종의 비상구 역할을 한다. 어려움이나 곤경에 처했을 때 그 위험에서 벗어날 수 있도록 도움을 주는 비상구처럼 시냅스 비상 회로는 꼭 필요한 상황에서 직감, 직관, 잠재 능력을 발생시키는 회로다. 시험을 못 봤다고, 문제를 많이 틀렸다고 실망과 낙담할 필요 없다. 내 의지와 자신감에 따라 비상 회로가 작동하여 공부를 잘할 수 있도록 길을 열어 주기 때문이다.

나도 초능력자가 될 수 있어요!

오늘은 마지막 단계의 수업을 남겨 놓고 있는 날이다. 처음에는 장원이가 공부 습관이 안 잡혀 있어서 고생을 했지만 고비를 넘긴 다음부터는 실력이 빠르게 향상되었다. 선생님은 그런 장원이가 너무 기특했다. 그리고 장원이가 이 수업만 잘 통과하면 실력이 몰라보게 향상될 것이라 믿었다.

"장원아, 잠재 능력이란 말 들어 봤니?"

"네. 숨겨져 있는 능력이란 뜻 아닌가요?"

"응, 그래 맞아. 우리 두뇌 깊숙한 곳에는 잠재 능력이 숨겨져 있단다. 이 잠재 능력을 사용하기 위해서는 우선 자기 자신을 믿는 마음이 무엇보다 중요해. 내 안에서 힘을 끌어내야 하는데 나를 못 믿으면 힘이 나올 수 있겠니?"

"아니요. 선생님 그러면 잠재 능력은 누구한테나 있는 건가요?"

장원이가 궁금한 표정으로 질문했다.

"그래. 잠재 능력은 모든 사람들의 두뇌 속에 숨어 있는 능력이야. 따라서 누구는 있고 누구는 없는 특수한 능력이 아니지. 단지 각 개인마다 자신을 사랑하는 자존감, 시냅스의 상태, 자질, 교육 환경 등 여러 조건에 의해 차이가 나. 그 차이가 잠재 능력을 깨우기도 하고 영원히 잠들어 있게도 하는 거야."

선생님 말대로라면 모든 사람이 잠재 능력을 가지고 있고, 원한다면 누구나 잠재 능력을 깨워 활용할 수 있다.

장원이는 잠재 능력이란 것이 〈해리포터〉에 나오는 '마법사의 돌'이나 〈반지의 제왕〉에 나오는 '절대 반지' 처럼 생각되었다. 그래서 장원이는 잠재 능력을 깨울 수 있는 방법을 선생님에게 물어보았다.

선생님은 여덟 가지의 조건을 갖추고 있어야 비로소 잠재 능력을 발현할 수 있다며 이를 정리한 종이를 보여 주었다.

첫째, 튼튼한 몸
둘째, 긍정적인 생각
셋째, 따뜻한 마음과 정신적인 안정감
넷째, 다양한 공부 경험
다섯째, 미래지향적 사고
여섯째, 자기만의 스트레스 해소법
일곱째, 강인한 인내심
여덟째, 스스로 실천하는 능력

"연구가들이 잠재 능력자들을 연구한 결과 공통적인 특징을 발견해 냈어. 그것이 바로 이 여덟 가지란다."

"몸이 아프면 어떠한 일도 할 수 없어. 또한 다른 사람의 마음을 헤아리지 못하고 매사에 부정적인 사람은 모든 일을 삐딱하게 보게 되지. 그러니 무슨 일이든 끈질기게 해내지도, 적극적으로 임하지도 못하게 되는 거야. 그런 사람은 잠재 능력을 발휘하기는커녕 아무 일도 해내지 못할 거야."

 수업 총정리 ★ 24일

두뇌 속의 잠재 능력을 깨워라!
두뇌의 잠재 능력을 깨우기 위해 필요한 여덟 가지 조건을 기억하고 이를 갖출 수 있도록 노력한다.

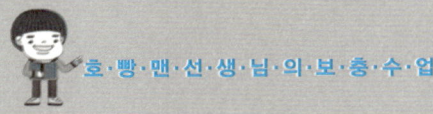
호·빵·맨·선·생·님·의·보·충·수·업

잠재 능력은 어디서 나올까?

두뇌는 신피질, 구피질, 뇌간, 세 구조로 되어 있다. 모든 동물의 뇌 구조는 비슷하지만, 저마다 발달한 부분이 다르다.

신피질은 가장 바깥쪽에 있는 뇌로 영장류에게 발달한 '지능 뇌'라고 한다. 의심이 많은 뇌다. 인간의 끊임없는 의심이 과학 발전을 이루어 왔다고 해도 틀린 말은 아니다. 만일 돌고래나 원숭이가 인간보다 신피질이 발달했다면 지구의 지배종이 바뀌었을지도 모르는 일이다.

구피질은 포유류에게 발달한 '정서 뇌'다. 두려움이 많은 뇌다. 인간처럼 포유류인 개나 고양이도 두려움, 슬픔, 기쁨 등의 감정을 느끼게 하는 역할을 한다.

뇌의 가장 안쪽에는 뇌간이 있다. 파충류에게 발달한 '본능 뇌'라고 한다. 본능이란 삶과 죽음에 대한 것이다. 악어와 같은 파충류는 의심은 말할 것도 없고 슬픔과 기쁨의 감정도 없다. 신피질과 구피질이 없다고 보면 된다. 오직 먹고 자고 살기위해 싸우는 본능만 존재한다.

이렇게 두뇌는 세 구조로 되어 있다. 이 중에서 구피질 안에 기억을 주관하는 해마와 편도가 있다. 해마가 사실적 기억을 주관한다면 편도는 감정적 기억을 관리한다.

우리가 관심을 가져야 할 것은 뇌간이다. 이곳에 잠재 능력이 숨어 있다.

뇌간은 우리 몸에서 가장 오래되고 가장 원시적인 부분으로 척수가 연장되어 생성된 것이다. 뇌간은 신피질의 의심을 끊고 구피질의 두려움을 극복해야만 들어갈 수 있는 곳이다. 신피질과 구피질을 넘어 이곳까지 들어갈 수 있어야 잠재 능력이 발현되는 것이다.

전문가들은 인간은 무한한 잠재 능력을 가지고 있지만 일생 동안 잠재 능력의 10~15퍼센트 정도밖에 쓰지 못한다고 지적한다. 잠재 능력은 이렇게 깊숙한 곳에 존재하며, 때가 되면 저절로 나타나는 것이 아니라 처해 있는 환경의 자극과 노력에 의하여 촉발된다.

창조적 지식과 상상력은 개인이 지닌 소질과 잠재 능력에서 비롯된다. 그리고 잠재 능력은 사용하면 할수록 더욱 풍성해지는 마르지 않는 샘과도 같다. 뛰어난 능력을 자랑한 위인들은 자신이 가진 잠재 능력을 보통 사람보다 더 많이 끌어내 활용한 사람이라고 할 수 있다.

잠재 능력아, 깨어나라!

 지난번 수업을 마치고 가면서 오늘이 마지막 수업이 될 거라는 선생님의 말을 듣고 장원이는 마음이 찡해졌다. 선생님과 함께한 시간들이 너무 소중했다. 지금까지 선생님이 가르쳐 준 방법들은 언제든지 꺼내 볼 수 있도록 장원이의 두뇌 방 곳곳에 잘 저장되어 있다.
 장원이는 지난번 수업 시간에 배웠던 잠재 능력을 깨우기 위한 조건들을 다시 한 번 살펴보았다. 선생님은 그 여덟 가지 조건은 '꼭 이룰 수 있다는 자신감', '긍정적인 생각과 실천', '강력한 상상'으로 요약할 수 있다고 했다. 그리고 이 중에서 강력한 상상을 마지막 수업 시간에 훈련하겠다고 했다.
 "장원아, 지금까지 공부하면서 상상을 많이 해왔어. 상상은 신기하고 재미있는 이미지 작업이야."
 "저도 상상하는 게 정말 재미있어요."
 그동안 장원이는 수업을 하면서 자신의 상상력이 많이 좋아졌다고 생각했다. 선생님은 상상력은 잠재 능력을 계발하는 원동력이며 아주 강력한 상상만이 잠재 능력을 움직일 수 있다고 했다. "상상력은 지식보다 중요하다."고 말한 아인슈타인이 강조한 것도 바로 강력한 상상력이라고 설명했다.

선생님은 상상에 신념이 더해지면 우주도 움직일 수 있는 힘이 나온다고 말했다. 두뇌는 상상과 현실을 구별하지 않는다. 강하게 상상하면 두뇌는 상상을 현실로 받아들이게 된다는 것이다.

선생님이 이제부터 잠재 능력을 깨우는 강력한 상상 훈련을 시작하겠다며 눈을 감으라고 했다. 선생님이 무엇이 보이냐고 묻자 아무것도 안 보인다고 대답했다. 그러자 어두운 방 안에 불을 밝히듯 이마에 불을 밝혀 보자고 했다

"그게 가능해요?"

"상상의 최대 방해꾼은 의심이야. 의심해서는 안 돼. 이마에 불을 밝힐 수 있다고 믿고 실천해야지."

"끄응, 아무리 해도 잘 안 돼요."

"그러며 우리가 방에 스위치를 누르면 켜지는 것처럼 이마를 눌러 볼까? 하나둘셋! 하면 누르고 불이 켜지는 것을 상상하는 거야."

"자, 하나둘셋!"

장원이의 머리에 밝은 하얀색의 불이 켜졌다.

"표정을 보니 불이 켜졌나 보구나. 어떤 느낌이지? 상상은 이미지 작업이기 때문에 단순한 영상이 아니라 느낌까지도 받을 수 있어야 해."

"음, 따뜻한 불빛이에요. 마음이 편안해요."

선생님은 장원이에게 강력한 상상을 구체적으로 훈련시켰다.

모든 감각을 동원해서 상상해 봐

"장원아, 숫자 7을 상상해 봐. 어떤 색깔일까?"

장원이가 눈 뜨고 상상하냐고 묻자 마음대로 해도 된다고 했다.

"검정 색깔이요."

"그럼 숫자 7을 노란색으로 바꿔 볼까? 어때?"

"노란색으로 바뀌었어요."

"이번에는 천천히 무지개 색깔을 떠올려 볼까?"

장원이의 머릿속에서 총천연색의 무지개가 찬란한 빛을 내며 떠올랐다.

"그럼 무지개 색깔 중에 빨간색 하나만 떠올려 보자. 빨간색 색종이를 떠올려도 좋고, 빨간색의 물체를 떠올려도 좋고, 색 그 자체를 상상해도 좋아."

"선생님, 고추가 상상이 됐어요."

장원이는 이젠 무슨 색깔이든 강력히 상상하고 느낄 수 있었다.

"느낌은?"

"우악, 매워요."

장원이는 진짜 고추를 먹은 것처럼 얼굴까지 빨개졌다.

"혼자 상상하기 연습할 때는 앞으로 떠올릴 것을 말한 후, 그것을 상상하고 어떤 느낌이 나는지 말해 보면 돼. 이번엔 소리 상상을 해볼까?

지구상에는 수많은 소리가 있어. 그 소리를 듣고 상상하는 거야. 예를 들어 노래가 나오면 그 노래를 부른 가수의 모습이나 이미지를 떠올리는 거지."

"무슨 말인지 알겠어요."

"지금 주변 소리에 귀 기울여 보렴. 무슨 소리가 들리니?"

"컴퓨터 소리가 들리고요. 선생님이 의자 움직이는 소리도 들리고요. 창밖에 부는 바람 소리와 엄마가 설거지하는 소리도 들려요."

"이번엔 엄마가 공부하라고 외치는 모습을 상상해 볼까?"

"아, 도망가고 싶어요."

마치 진짜 엄마에게 혼이 나는 듯 장원이는 인상을 쓰며 다급하게 말했다.

"장원아, 엄마의 잔소리는 어떤 느낌이니?"

"하늘에서 천둥이 치는 느낌요."

"하나 더 해보자. 겨울바람 소리를 상상해 보는 거야. 바람의 이미지와 느낌은 어떨까?"

"아이, 추워라."

장원이는 볼과 귀를 만지작거렸다.

"냄새 상상을 해볼까? 코를 여는 냄새 상상은 참 재미있어. 손도 안 대고 이 세상의 맛있는 냄새를 모두 들이마시고 느낄 수 있거든."

"선생님, 배가 고플 때 하면 더욱 실감나겠네요."

"그렇지. 배고플 때 삼겹살 가게 앞을 지나가면 어떻게 될까?"

"맛있는 냄새에 저절로 군침이 나오겠죠."

"맞아. 지금 삼겹살 가게 앞에 있는 것은 아니지만, 얘기하는 것만으로 배가 고파 오지? 그럼 장원이가 좋아하는 꽃을 떠올려 봐. 무슨 냄새가 나니?"

장원이는 엄마가 좋아하는 장미를 떠올리며 장미 향기를 상상했다. 달콤하고 진한 향기가 코끝에 머무는 것 같았다.

"다음은 촉각 상상을 해보자. 손으로 만진다고 생각하는 거지. 우선 말랑한 푸딩을 처음에는 살짝, 나중에는 꽉 쥐어 볼까?"

"음, 처음에는 차갑고 미끄덩거리고 부드러워요. 꽉 쥐었더니 찌그러졌어요."

머릿속에서 만들었다 지워 봐

오감 상상 훈련을 하니 아주 재미있었다. 상상하는 것만으로도 진짜 현실처럼 느껴졌다.

"장원아, 이번에는 옷을 만들어 입고 벗도록 하자."

"정말요?"

장원이의 입이 쩍 벌어졌다.

"컴퓨터 게임에 나오는 옷 입히기와 같아. 먼저 아무것도 입지 않은 너를 떠올려 봐."

"선생님, 창피해요."

"뭐가 부끄럽냐? 내가 볼 수 있는 것도 아닌데."

"아, 맞다! 하하하."

장원이는 쑥쓰러운 듯 다행이라며 웃었다.

"자, 우리 부끄러우니까 얼른 옷을 입도록 하자꾸나. 일단 속옷을 입어야겠지? 어떤 속옷을 입을까? 표범 무늬? 땡땡이 무늬? 무엇이 좋을까?"

"음, 평상시에 입지 못하는 형광 주황색 팬티를 입겠어요!"

"아하하하~. 그래, 형광 주황색 팬티를 입고. 또 옷은 무엇이 좋을까? 자, 상상해서 입어 봐."

"전 요리사가 되고 싶으니까, 하얀 바지와 블라우스 그리고 하얀 앞치마를 매요. 그리고 하얀 모자도 써요. 아! 목에는 빨간색 스카프도 해요."

상상을 하는 사이, 장원이는 진짜 요리사가 된 것 마냥 즐거워졌다.

"이런 상상을 교과서에 있는 그림이나 사진으로 하면 공부에도 많은 도움이 돼."

"어떻게요?"

"응. 이럴 때는 방식을 달리 해야 해. 이번에는 만들어 나가는 것이 아니라 지워 나가는 거지. 교과서의 사진을 30초 동안 뚫어지게 바라보고 눈을 감아 봐. 그러면 어떻게 되지?"

"아, 사진의 이미지가 보여요."

"맞아. 장원이의 두뇌에 그 이미지가 남아 있기 때문에 눈을 감아도 보이게 돼. 그러면 그 이미지를 지우개로 하나씩 지워 봐. 다 지운 다음에는 원래대로 다시 하나하나 만들어 나가는 거야. 처음에는 쉽지 않아. 하지만 하다 보면 집중력이 좋아지는 걸 느낄 수 있을 거야."

사진을 가지고 하니까 이미지 상상이 훨씬 잘 되었다. 장원이는 상상 훈련이 너무 재미있다.

선생님은 이제 교과서 내용을 가지고 훈련해 보자면서 5학년 1학기 과학 교과서에서 '용해와 용액'의 한 부분을 펼쳤다. 선생님이 장원이에게 질문을 했다.

"용해 전과 용해 후의 무게를 비교하는 실험을 한 적 있지? 기억나니?"

"설탕을 물에 녹이기 전과 녹인 후의 무게 변화를 알아보는 실험이잖아요?"

"그래, 잘 기억하고 있네. 실험 순서를 보면, 첫 번째로 '비커에 물을 반쯤 넣는다.' 야. 한번 상상해 보렴."

장원이는 물이 반쯤 차 있는 비커의 모습을 떠올렸다.

"선생님이 불러 주는 대로 상상하는 거야. 약포지에 설탕을 조금 덜어 놓습니다."

하얀 약포지에 설탕 알갱이들이 빛을 내고 있는 이미지를 떠올렸다.

"물이 든 비커와 약포지를 전자저울에 올려놓고 무게를 잽니다. 설탕을 물에 녹인 후 설탕물의 무게를 잽니다. 어때? 잘 되니?"

"수업 시간에 한 거라 그런지 잘 떠올라요."

"그럼 실험 결과는 어떻게 될까?"

선생님이 목소리에 힘을 주어 물었다.

"결과요?"

"그래."

장원이는 잠시 당황했으나 곧 수업 중에 배웠던 것을 떠올리며 설탕을 녹이기 전과 녹인 후의 무게는 같다고 대답했다. 선생님은 왜 무게가 같아지는지를 묻자 장원이는 이미지를 떠올리며 대답했다.

"물질이 녹으면서 액체 사이로 섞여 들어가요. 설탕이 물에 용해되면서 설탕과 물 알갱이들이 서로의 틈 사이로 섞여 들어가기 때문에 무게가 같아져요. 설탕이 들어간다고 더 무거워지는 것은 아닌 거죠."

장원이의 똑 부러진 대답에 선생님은 흐뭇해했다.

"과학 실험만이 아니라 국어 교과서를 가지고도 이 훈련을 할 수 있어. 특히 이야기 글을 읽을 때 인물의 말과 행동을 통해 인물의 모습을 상상해 보고, 앞으로의 전개 등을 상상하면 좋아. 이때 앞서 했던 상상 훈련 등을 떠올리면 잘 될 거야."

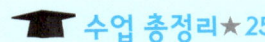 수업 총정리★25일

강력한 상상 훈련을 통해 잠재 능력을 깨워라!

인간의 두뇌가 가지고 있는 잠재 능력은 '꼭 이룰 수 있다는 자신감', '긍정적인 생각과 실천', '강력한 상상'이 밑바탕이 된다. 강력한 상상 훈련은 두뇌를 깨우기 위해 절대적으로 필요하다. 이 훈련에는 색깔 상상, 소리 상상, 냄새 상상, 촉각 상상을 비롯해 '이미지 지웠다 만들기' 등이 있다.

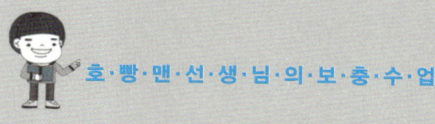
호·빵·맨·선·생·님·의·보·충·수·업

상상을 뛰어넘은 상상의 힘

두뇌 속에는 상상의 공간과 생각의 공간이 있다. 가끔 어른들은 자녀들이 상상의 세계에서 빠져 나오지 못하면 어떡하나 하는 고민을 한다. 그러나 '현실을 잘 바라볼 수 있게 하는 상상'은 무한한 힘을 가져다준다. 그것을 '초감각 상상'이라고 한다.

생각(이성적 사고)하는 시간보다 상상하는 시간이 월등히 많으면 감성적이며 창의적이다. 그리고 상상 세계보다 생각 세계에 빠져 있으면 계산에 밝고 합리적인 성향을 보인다. 이것이 두뇌가 가지고 있는 기본 원리다.

초감각 상상은 이러한 상상과 생각이 평형을 이룰 수 있도록 조절해 준다. 초감각 상상 속에는 상상 세계에만 빠지는 것을 통제하는 생각의 힘이 같이 공존하는 것이다.

또한 초감각 상상은 과학적이며 현실을 바로 보게 해준다. 부정의 상태를 긍정의 상태로 전환시킬 수도 있다. 안 될 것이라 생각했던 일도 초감각 상상을 사용하면 두뇌에 강력한 힘이 생기면서 이루어진다.

과목별 상상 훈련법

교과서에 나오는 글을 읽으면서 이미지를 상상하는 훈련은 집중력, 이해력, 기억력을 동시에 높여 줘 두뇌 스피드를 월등히 향상시킨다. 단 이때 과목마다 주의해야 하는 점이 있다.

국어 국어의 경우는 시와 이야기 글이 많다. 시를 읽을 때는 한 문장 한 문장을 이미지와 함께 상상하면서 읽어야 두뇌에 뚜렷하게 박힌다. 이야기 글은 내용이 길기 때문에 문단이나 장면 위주로 이미지를 떠올리면 좋다.

과학 과학 교과서는 그림이나 사진이 대부분이다. 따라서 실험 활동을 비롯한 글을 읽을 때는 문장을 이미지화하여 떠올리면서 읽으면 좋다.

예를 들면 '거울에 여러 각도로 빛을 비추면서 빛이 나아가는 방향을 관찰하여 봅시다.'라는 문장이라면 거울을 떠올린다, 다양한 각도에서 빛을 비추는 이미지를 떠올린다, 서로 다른 각도에서 빛이 어떻게 나아가는지 전체 이미지를 상상한다, 이런 식으로 부분의 사실을 조합하여 하나의 이미지를 만드는 것이다.

사회 사회 교과서에는 낯선 용어들이 많이 등장한다. 용어의 뜻을 모를 때에는 사전을 찾아 의미를 파악한 후 이미지를 그려 본다. 예를 들면 '자연휴양림'이라면 자연휴양림의 뜻을 찾아 이해한 후 이미지를 떠올리는 것이다.

# 1등 머리로 거듭난 장원이의 하루

몇 달이 흘렀다. 과외는 끝났지만 장원이는 호빵맨 선생님의 가르침을 항상 되새기며 실천해 왔다. 어느 날 장원이는 어느 때와 다름없이 아침을 먹고 집을 나와 학교를 향해 걸어갔다. 그런데 불현듯 어제 배웠던 과학 수업 내용이 떠올랐다.

'온도가 생물의 생활에 미치는 영향을 배웠지. 물의 온도에 따른 금붕어의 호흡수를 알아보는 내용도 있었는데.'

책에 실려 있던 그림도 떠올랐다.

'그중에서 선생님이 강조한 게 뭐였어라. 맞아, 금붕어의 호흡수는 여름에는 많아지고 겨울에는 줄어든다고 했어.'

수업 내용이 이렇게 생생하게 생각난 적은 처음이었다. 이 날 이후로 이런 현상들이 수시로 일어났다. 밥을 먹다가도, 텔레비전을 보다가도 공부 내용이 생각나곤 했다. 국어든, 수학이든, 사회든, 과학이든 가리지 않고 떠올랐다.

'아, 맞아. 예전에 선생님이 공부 머리를 갖게 되면 이런 현상이 일어난다고 했어.'

장원이는 선생님의 말이 기억났다. 이뿐만이 아니었다. 국어 수업 시간이었다. 여느 때처럼 선생님이 가르쳐 준대로 뒤쪽 뇌(후두엽)에 집중해서 칠판을 보고 있었다. 그랬더니 갑자기 칠판 왼쪽 끝에서 오른쪽 끝까지 한눈에 들어왔다.

'아, 이런 거였구나.'

그동안 선생님이 시킨 대로 해봤지만 잘 되지 않았다. 그런데 오늘 갑자기 칠판이 한눈에 들어오며 글자들이 선명하게 튀어나오는 것처럼 보였다.

학교가 끝나고 집에 돌아오는 길에 사회 시간에 배웠던 용어들이 생각났다.

'자유, 경쟁, 가격 경쟁, 품질 경쟁, 서비스 경쟁……'

각 용어의 뜻을 생각해 보는데 모르는 것들이 나왔다. 그 뜻을 생각해 보려고 노력했다. 기억나는 것도 있고 기억나지 않는 것도 있었다. 생각이 안 나는 것은 너무 궁금해서 가방에서 노트를 꺼내 확인해 봤다.

'아, 맞아. 이런 뜻이었지.'

집에 온 장원이는 엄마가 해준 간식을 먹었다. 간식을 다 먹은 후 잠깐 동안 휴식 시간을 가졌다. 그런 다음 책상 앞에 앉아 주간 계획표를 보며 오늘 공부해야 하는 것을 확인하며, 플러스 공부는 무엇을 해야 하는지 추가해 넣었다.

오늘은 국어와 사회 과목에서 이해하지 못하는 부분이 많아 이 두 과목을 복습하기로 했다. 먼저 교과서를 읽었다. 차례, 제목, 본문이 훤하게 눈에 들어왔다. 장원이 스스로도 놀라웠다. 책과 노트를 볼 때는 항상 이미지를 그렸다. 이미지가 떠오르지 않는 용어에는 표시를 해놓고 사전을 찾아보았다.

날이 갈수록 공부에 자신감이 생겼다. 집중력도 좋아져서 공부하는 시간과 문제 푸는 시간이 점점 줄어들었다.

드디어 성취도평가시험 날이 왔다.

장원이는 수학 시험을 보고 있다. 그동안 열심히 공부해 온 덕분에 다른 문제는 가볍게 풀었는데 한 문제가 잘 안 풀렸다.

정신을 가다듬고 문제에 집중하자 전두엽이 작동하기 시작했다. 이 문제를 해결하기 위해 뇌세포가 바쁘게 움직였다. 다시 한 번 문제의 의미를 파악한 후 문제 유형을 분석하여 이를 풀기 위해 필요한 경험적인 자료를 수학 방에서 찾기 시작했다. 수많은 데이터가 점검되고 연결 가능한 정보를 일사분란하게 파악해 나갔다. 그런데 아무리 뒤져도 이 문제를 풀 수 있는 경험적 자료를 찾을 수 없었다.

장원이는 심호흡하며 마음을 안정시켰다. 다시 한 번 문제에 집중했다. 다시 '생각하라.'는 명령과 함께, 두뇌는 100만 분의 1초도 안 되어 기억세포 속에 숨어 있는 자료까지 검색해 들어갔다.

또 한 번의 대대적인 수색이 시작되었다. 이 문제를 풀 수 있다는 자신감이 두뇌 깊숙한 곳까지 파고 들어갔다.

'분명 어딘가에 이 문제를 푸는 열쇠가 있을 거야.'

이 문제를 푸는 데 도움이 되는 아주 사소한 정보라도 끌어내기 위해 장원이의 두뇌는 최선을 다했다.
　그러나 아무리 찾아도 이 문제를 경험한 적이 없다는 신호가 왔다. 이번에는 이 문제의 근본 개념이 무엇이고, 이 문제를 낸 선생님의 의도가 무엇인지에 초점을 맞추었다.
　이 문제를 꼭 풀고 말 것이라는 강한 에너지가 발산되었다. 그러자 좌뇌와 우뇌를 연결하는 뇌량을 통해 수많은 정보들이 이동했다.
　곧이어 장원이의 두뇌에서 특수한 능력이 발현되기 시작했다. 두뇌 깊숙이 숨어 있던 잠재 능력이 나오기 시작한 것이다.
　한 번도 풀어 보지도 못한 문제이지만 알고 있는 개념과 원리를 바탕으로 수천수만 번의 조합이 이루어지며 문제를 해결해 나갔다.
　며칠 후 성취도평가시험 점수가 나왔다. 장원이는 네 과목 모두 만점을 받으며 반에서 1등을 했다. 엄마는 입을 다물지 못했다. 반에서 항상 꼴찌였던 장원이가 1등을 한 것이다. 주변에서도 모두 기적이라고 했다.
　이 소식을 들은 선생님이 장원이의 집을 방문해 축하해 줬다. 장원이는 그동안 자신에게 일어난 신기한 일들에 대해 신이 나서 이야기했다.
　"진짜 공부 머리를 가지게 되었구나. 축하한다. 네가 지금까지처럼 노력한다면 너의 또 다른 꿈도 이루어질 거야."
　"감사합니다. 중학교 올라가서는 전교 1등을 목표로 할 거예요. 참, 저 장래 희망이 바뀌었어요. 천체 과학자가 될 거예요."
　"멋지다! 장원이는 꼭 훌륭한 과학자가 될 수 있을 거야."
　"네! 그날이 오면 꼭 선생님을 찾아갈 게요."
　"그래! 기다리고 있으마!

Tip 1 공부를 시작할 때 반드시 알아야 하는 10가지

1. 짧은 시간, 집중할 수 있는 만큼 공부한다

많은 시간 공부한다고 좋은 게 아니다. 얼마나 집중했느냐가 공부 효율을 결정한다. 강한 집중력으로 공부한 내용은 두뇌에 저장되어 있다가 필요한 순간 불현듯 떠오른다.

2. 잘하는 과목부터 공부한다

공부를 잘하기 위해서는 우선 공부의 재미를 느껴야 한다. 싫어하고 취약한 과목을 공부부터 공부할 경우 공부가 더욱 싫어지고, 자신감을 잃게 된다. 자신이 좋아하고 잘하는 과목부터 공부해서 성취감을 느끼는 게 중요하다. 이것이 다른 공부를 할 때 힘이 되어 준다.

3. 기본 개념, 원리부터 차근차근 공부한다

눈덩이를 굴리듯이 체계적이고 깊이 있게 공부하면 몇 십 배의 효과를 볼 수 있다. 처음부터 큰 눈덩이를 만들 수는 없다. 서둘거나 조급해하지 말고 교과서의 개념과 원리를 충실히 공부해 가면 큰 결실을 거둘 수 있다.

4. 비슷한 과목을 연달아 공부하지 않는다

유사한 내용을 연속적으로 들으면 내용이 헷갈린다. 이와 마찬가지로 유사한 과목을 연달아 공부하면 효과가 떨어진다. 예를 들어 수학과 과학 또는 영어와 국어 등을 붙여서 공부하는 건 좋지 못하다. 학습 계획을 세울 때 과목의 특성에 유의하여 서로 성격이 다른 과목을 배치하도록 유의한다.

5. 한 과목을 오랜 시간 공부하지 않는다

몇 시간 동안 영어 단어를 암기하거나 문제를 푸는 것은 학습 효율을 떨어뜨린다. 시간이 지나면서 점점 두뇌가 그 정보에 익숙해지면서 집중력과 기억력이 저하되기 때문이다. 과목을 적절히 바꾸어 가면서 공부해야 한다.

6. 마감 시간을 정하고 공부한다

시험이 다가올수록 공부가 잘되는 법이다. 긴박한 상황이라는 위기의식이 두뇌 작용을 활성화시켜 정보를 바로바로 흡수하게 되기 때문이다. 그렇다고 벼락치기를 권하는 것은 아니다. 평소 학습 계획을 통해 꾸준히 공부하는 습관을 가져야만 마감 효과를 극대화할 수 있다.

7. 중요한 내용은 시작과 끝에 공부한다

두뇌는 처음 공부한 내용을 잘 기억하는 '초두 효과'와 마지막 내용을 잘 기억하는 '최신 효과'가 있다. 이를 활용해 중요 내용을 공부의 시작과 끝에 배치하면 효율적인 공부를 할 수 있다.

8. 집중이 잘되는 시간대를 파악하여 규칙적으로 공부한다

사람마다 집중이 잘되는 때가 있다. 그것이 이른 아침일 수도 있고 늦은 저녁일 수도 있다. 그 시간을 활용하여 규칙적으로 공부하는 습관을 들인다. 일정한 시간이 되면 뇌에서 정보를 받을 준비를 하게 되어 집중력과 공부 효율을 높일 수 있다.

9. 시험 공부를 할 때는 부족한 과목을 먼저 공부한다

시험 전에는 반드시 부족한 과목부터 공부하도록 한다. 평소 공부할 때 좋아하고 자신 있는 과목부터 공부해 왔기 때문에 그 과목은 어느 정도 머릿속에 정리가 되어 있다. 이미 아는 내용을 공부하는 데 많은 시간을 할애하는 것보다 부족한 과목 공부에 집중하는 것이 평균 성적을 올리는 가장 좋은 방법이다. 그리고나서 자신 있는 과목을 정리하는 것으로 공부를 마무리하는 것이 좋다.

10. 공부 잘하는 학생을 따라 한다

공부 잘하는 학생들은 저마다 효율적인 공부법을 가지고 있다. 그들의 행동을 관찰하고 따라 해본다. 이러한 모방 학습은 자신의 공부 습관을 점검하고 단점을 파악하게 해준다. 또한 자신만의 공부법을 만드는 데 걸리는 시간을 줄여 준다.

Tip 2 상위 1% 아이들의 공부 습관

1. 공부 계획을 세운다

공부하기 전 계획을 세우고 효율적으로 공부할 수 있는 방법을 고민한다. 공부할 때는 지금 하지 않는 다른 과목이 걱정되어 집중이 안 된다. 하지만 계획을 세워 놓으면 놓치는 공부 없이 관리할 수 있기 때문에 안심하고 현재 공부에 집중할 수 있다.

2. 수업 시간에 집중한다

선생님과 자주 눈을 맞추며 수업에 최대한 집중한다. 선생님의 설명을 유심히 듣다 보면, 반드시 알아야 하는 내용, 시험에 출제되는 내용 등을 알 수 있다. 또한 선생님의 모습과 교실 분위기 등이 우뇌에 각인되어 배우는 내용과 결합하여 기억력을 높여 준다. 국어 시간에 수학 숙제를 하거나 학원에서 배웠다고 딴짓을 하는 것은 아주 어리석은 행동이다.

3. 틀린 문제는 반드시 확인하고 넘어간다

문제를 풀었다는 것에 만족하지 않고 왜 틀렸는지 확인하고 그 부분을 찾아 다시 공부한다.

4. 모르는 내용은 알 때까지 파고든다

대부분의 아이들은 모르거나 어려운 내용이 나오면 조금 고민하다가 포기한다. 하지만 공부 잘하는 아이들은 모르는 내용을 알 때까지 파고

들고 선생님께 질문해 문제를 해결한다. 그러한 과정 속에서 두뇌가 발달하고 이해력이 높아진다. 또한 아이들이 이해하기 힘든 내용은 중요한 경우가 많아 시험에 자주 출제된다.

5. 무엇이 중요한 내용인지 끊임없이 파악하며 공부한다

무작정 공부하지 않는다. 무엇이 가장 중요한 내용인지를 파악하여 그 부분을 집중적으로 공부한다.

6. 언제 어디서나 공부 내용을 떠올린다

공부를 생활화한다. 그렇다고 공부만 하는 것은 아니다. 친구와 놀거나, 밥을 먹다가, 운동하다가 문득문득 공부 내용을 떠올려 보는 것이다.

7. 자기만의 노트 정리법을 가지고 있다

공부 잘하는 아이들은 노트만 봐도 알 수 있다. 핵심 내용이 한눈에 들어오도록 색깔과 그림 등을 적절히 사용하여 깔끔하게 정리되어 있다. 또한 선생님이 강조한 내용이나 약한 부분 등을 정리하여 시험에 대비한다.

8. 자투리 시간을 이용해 독서를 한다

학년이 올라갈수록 성적이 오르는 아이들은 대부분 독서량이 풍부하다. 그들의 독서 습관을 관찰하면 쉬는 시간, 학원을 오가는 시간 등 자투리 시간을 활용하여 틈틈이 책을 읽는 것을 알 수 있다.